真宗文庫

子どもと読みたい

ほとけさまのおはなし

―24のレターブック―

東本願寺出版

はじめに

子どもの頃に感じた疑問は、すぐに解決できるものから、そうでないもの、なんとなくぼんやりとしたままのものまでさまざまです。特に素朴な疑問や悩みは、大人になるにつれて感じたこと自体を忘れてしまっていることが多いかもしれません。でも、子どもからの問いかけにハッとさせられたことはありませんか？　その問いかけは、実は、自分が幼い頃に感じていた同じ疑問や悩みなのかもしれません――。

素朴な疑問や悩みをもっていた頃の自分にあらためてあう。また子どもが感じている疑問や悩みに寄り添っていく。そんな〝大人と子ども〟をつなぎ、一緒に仏《ほとけ》さまのお話を聞き合う一助になることを願って、本書は「子どもと聞く」をテーマに掲げました。

〝自分って何だろう？〟〝いのちって？〟多感な子どもたちの疑問に寄り添うことを大切に活動されている僧侶24名が、それぞれの経験や出あいをとおして、大事にされているほとけさまのお話を届けてくださいました。ぜひ、そのお話に耳を傾けてみてください。

東本願寺出版

子どもと読みたい
ほとけさまのおはなし
24のレターブック

もくじ

藤　祐樹　明日天気になぁれ!　9

木村　慎　比べず、あせらず、あきらめず　15

酒井　義一　人生の宿題　21

杉原　隆　おかげさま　29

西尾　朋央　〝いのち〟の全力投球　37

松下　蓮　わたしを見る鏡　43

佐賀枝夏文　バウムが教えてくれた物語……49
狐野やよい　わたしは何でできている？……57
本間義敦　芽吹きのとき……63
中村薫　いのちは誰のもの？……69
栗栖寂人　かけがえのないあなた……75
楠信生　私を呼ぶ声……81
青井和成　まいごの私……89
星野暁　ナマステ―合掌のこころ―……95
金暁子　いつもわたしのそばに……101

江馬　雅臣　いまここに在ることの大切さ―パンタカのおはなし― …… 107
桂川　正見　人間は偉いものではない、尊いものです …… 115
櫻木　証　私のすがた …… 121
大橋　宏雄　生きることの始まり …… 127
平野　喜之　あるのにない？ないのにある？ …… 133
金石　潤導　僕の頭は二つある―共命鳥のお話― …… 139
松扉　覚　報恩講 …… 145
寺本　温　お誕生ありがとう …… 151
四衢　亮　たいせつな学び …… 157

24のレターブック

仏教や東本願寺に関する
コラム

① 阿弥陀《あみだ》さまとは？ 28

② お釈迦《しゃか》さま 36

③ 花《はな》まつり 42

④ 親鸞聖人《しんらんしょうにん》 56

⑤ 正信偈《しょうしんげ》 62

⑥ 七高僧《しちこうそう》 88

⑦ 報恩講《ほうおんこう》 94

⑧ おつとめの作法《さほう》 106

⑨ 東本願寺《ひがしほんがんじ》 120

⑩ 御影堂《ごえいどう》 126

⑪ 阿弥陀堂《あみだどう》 138

⑫ 仏教《ぶっきょう》にまつわる年中行事《ねんちゅうぎょうじ》 156

明日天気になぁれ!

藤《ふじ》 祐樹《ゆうき》

(岐阜県　乗蓮寺)

春、夏、秋、冬。毎年、季節がめぐってきます。

みんなは夏が好き？　冬？　春？　秋？　どの季節でも楽しみを見つけて、全部好きなのかもしれないね。じゃぁ天気はどう？　晴れが好き？　雨が好き？

昔から、「明日天気になぁれ」と言って靴《くつ》を脱ぎ飛ばす占い遊びがあります。運動会や遠足、遊びに行く前の日に、よくやったものです。これは靴を脱ぎ飛ばして、靴が表向きなら晴れ、裏向きなら雨、横向きならくもり、という遊びです。子どものころ、外で遊びたくて、晴れを願って毎日やっていました。表向きに落ちたのに、次の日が大雨ということもよくあったけどね。ある時「毎日晴ればかりだとお野菜やお花がかわいそうだよ」と農家のおばあさんに言われました。

みんなは「良い天気」ってどういう天気のことを言いますか？　晴

れ・くもり・雨・雷・雪、台風……。「良い天気ですね」と会話をする時は、晴れの日のことを言い、「天気が悪い」というと雨のことを指していませんか。でも、よく考えてみよう。天気に良いも悪いもないよね。晴れの日ばかり続いて雨が降らないと植物が枯れてしまうし、水不足にもなってしまいます。逆に雨が降り続いても困ります。自分の都合で、晴れが悪い天気になり、雨も良い天気になるのです。

以前、ある人と「今日は雨で嫌《いや》な天気ですね」と会話していると、その人は、「私は雨の方が良いですよ」と言いました。傘を作っている会社の人でした。また、涼しい夏に電器屋さんと話した時、「今年の夏は涼しくて良いですね」というと、「今年はクーラーが売れず、困っている」と話していました。私たちは天気ひとつをとっても、それぞれ自分の都合で「良い・悪い」を決めてしまいます。自分が「好きか嫌《きら》いか」

「損か得か」ということです。

では「良い子・悪い子」「好きな子・嫌いな子」ってどういう人のことをいいますか？　勉強やスポーツのできる子、絵や音楽が得意な子、元気な子、おとなしい子、喧嘩《けんか》をする子、いたずらをする子、先生の言うことを聞かない子……。いろんな子がいるね。勉強やスポーツが苦手なのは悪い事じゃないですよね。そう、みんな個性があって、素敵なところがあります。自分の思い通りにならない子、話が合わない子、自分の邪魔《じゃま》をする子を嫌っていませんか。嫌だなぁって思った時、よく考えてみましょう。自分はその子とちゃんとお話をしていますか。相手のことを考えていますか。自分だって相手から見たら同じことなのですよ。

仏さまは、「どんな子でも、どんなことでも、みんな素敵なところがあるよ」とみんなを見ています。自分が正しい、思い通りになるのが当然と思ってしまう私たち。自分の都合で、「良い・悪い」「好き・嫌い」を決めている私たちにとって、思い通りにならない天気があたりまえ。思い通りにならない相手があたりまえ。仏さまのように、素敵なところを見つけてみましょう。お日様のひかりや、暖かさ、大地をうるおす恵みの雨。一緒にいて楽しいことも、苦しいことも共に過ごしてくれる友だち、怒ってくれる家族、厳しく教えてくれる先生。

嫌だなぁと思った時は、一度考えてみましょう。みんなは、夏の素敵なところ、冬の素敵なところ、春、秋、それぞれ楽しいところを見つけてよろこぶことができる名人だから。「明日晴れになぁれ！」ではなくて「明日天気になぁれ！」というのは、どんな天気でも素敵なところを見つけて、よろこべるということなのかもしれませんね。

さぁ、どんなお天気になるか、どんなお友だちと出会うか、どんな自分になれるか、「明日天気になぁれ！」といっしょに靴を飛ばしましょう。

比べず、あせらず、あきらめず

木村《きむら》 慎《しん》

（兵庫県　興宗寺）

僕のお寺では、夏休みの最初の一週間、ラジオ体操が終わった後にたくさんの小学生たちがお寺に来てくれます。その子ども会でみんなとおしゃべりをしていた時のことです。

「しんちゃんは結婚しとるん？」

「いや、してへんで」

「なんでせえへんの？」

「うーん、なんでやろ？」

「わかった、モテへんからや」

お寺に来てくれる子たちは素直なのか、口が悪いのか、率直な言い方をします。少しだけ傷つきながら、「どうやったらモテるようになるかな？」と聞くと、面白がったみんなが、からかい半分に、「髪型《かみ》変えたら？」「もっとおしゃれになったら？」「もうちょっとやせたら？」と色々なアドバイスをしてくれました。僕も冗談《じょうだん》で、「美容整形でもせなあかんかなぁ？」と言うと、ふいに一人の子が、「しんちゃんはそのままでええと思うで」と返してくれました。たわいのないやりとりの中で、おそらくは何気なく発せられたこの「そのままでいい」という言葉が、僕にとってはとても大事なことを教えてくれる言葉として強く響いてきました。

僕は日常の中で見た目だけではなく、色々なことで他人と自分とを比べています。「あの人と僕とではどっちがカッコいいかな？　どっちが賢《かしこ》いかな？　どっちが真面目かな？……」そうやって考えるのは当たり前のことで、何も悪くないと思うかもしれませんが、実はこのことが悩みや苦しみの元になっているのです。

僕が最初に出遇《であ》った仏さまの教えが、「えらばず、きらわず、みすてず」という竹中智秀《たけなかちしゅう》先生が阿弥陀《あみだ》さまの心を言い換えられた言葉でした。この言葉に出遇って初めて、僕は自分自身をえらび、きらい、みすてて生きてきたことを知らされました。人と比べて良い自分と悪い自分とに分けて考え、「悪い自分はダメだから消してしまわなければいけない」、「良い自分でいる間はみんなに好きでいてもらえるけれど、悪い自分になってしまったらみんなに嫌われてしまうんじゃないか」、そうやって考えてしまうことが、自分の中でずっと感じていたしんどい思いの原因であると教えられたのです。そんな僕に、阿弥陀さまは「あなたはあなたのままでいいんだよ」と呼びかけてくれています。どんな自分であっても受け容れてくれる世界がある、ということが僕に大きな安心感を与えてくれました。そして同時に、今まで本当はたいして意味のないことに振り回されて生きてきたことに気づかされ、「本当に大事なことって何だろう?」と考えるきっかけになりました。

みんなも学校では、しっかり勉強して賢い人になりましょう、誰とでも仲良くできる優しい人になりましょう、と教えられると思います。それがもしかしたら、賢い人にならなければダメだ、優しい人にならなければダメだという風に聞こえてしまうかもしれません。そのことでつらくなったり苦しくなったりした時には、阿弥陀さまは、「勉強ができなくても、友だちとケンカをしてしまっても、君をきらいになったりみすてたりしないよ」と僕たちにいつも呼びかけてくれている、そのことを思い出してください。そして、「本当の生き方をしてほしい」という願いを聞いてください。そこから、本当に安心して「僕はこのことをやっていくんだ」ということを始めていけるはずです。

実は、友だちも先生もお父さんやお母さんも、みんなに色々な言葉で

「そのままでいいんだよ」という阿弥陀さまの「えらばず、きらわず、みすてず」の心を伝えようとしてくれています。その心に出遇って、本当に自分がしたいこと、しなければならないこと、できることを見つけましょう。そして、それを他人と比べず、あせらず、あきらめず、していきましょう。

人生の宿題

酒井《さかい》 義一《よしかず》

（東京都　存明寺）

学校の宿題なんて、本当はちっぽけなもの。だって、いずれなくなってしまうから。もっと大きな宿題がある。それは、人生の宿題。君にも僕にもあなたにも、人生の宿題がある。では物語の、はじまり、はじまり。

男の子の名前は健太郎くん。小学校5年生。とっても元気がいい。でも、勉強は大嫌《きら》い。

「ただいま〜〜〜」

といって学校から走って帰ってくると、ランドセルをポーンと放り投げ、ゲームのいっぱい詰まったバッグを持って、

「行ってきま〜〜す」

と元気よく家を飛び出していきました。その時です。あぶない！　自動車！　急ブレーキ！

「キキキキーーッ」

気がつくと健太郎くん、暗～い闇《やみ》の中、白～い道の上をひとりトボトボと歩いていました。

やがて道がふたつに分かれるところにやってくると、真ん中にエンマさまがいました。

「やあ、君は健太郎くんだね。う～～ん、残念。君はまだ死んではいない。だから、ここから先には行くことができない。でもせっかくここまで来たのだから、ちょっとのぞいていくといいよ、左に行くと地獄《じごく》、右に行くと極楽浄土《ごくらくじょうど》」

健太郎くん、最初に地獄をのぞいてみることにしました。地獄というと、怖《こわ》い鬼《おに》がいるのではないかと思いましたが、その世界は私たちの世界とあまり変わりがありません。

地獄にいる人々の心の中には自分さえよければそれでいい、他人はどうなってもかまわない、という心がありました。

自分さえよければそれでいい。実は私たちの中にあるそういう心が、やがて地獄を作ります。私たちの中には地獄を作ってしまう心があるのです。これが健太郎くんの見た地獄という世界でした。

次に健太郎くん、極楽浄土をのぞいてみることにしました。さぞかし人々は仲良く平和に暮らしているのではないかと思ってのぞいてみると、極楽浄土は地獄とたいして変わりがありません。

争い・けんか・不登校・いじめ……。同じように人々は心に闇を抱え、時に間違いを犯す。そんな世界でした。でも、ひとつだけ違うことがあったのです。その極楽浄土には、大きな鏡がありました。

全世界を映し出すような大きな鏡があったのです。人々は、その前で立ち止まり、自分の中に地獄を生み出す心があることをちゃんと知っていく、そういう生き方をしていたのです。

自分のことをちゃんと知っていく。これはとっても大切なことです。よい成績をとることよりも、よい学校に行くことよりも。なぜなら、どれだけよい子になれたとしても、みんな心の中に闇を持っているからです。

やがて健太郎くん、元の世界に帰る時がきました。エンマさまは最後にこう言いました。

「地獄・極楽という世界は、死んだ後に行く世界ではない。今この世の中にある世界なんだ。どうか、自分のことをちゃんと知っていく、そういう生き方を大切にしてほしい。それが健太郎くんの宿題。そう、人生の宿題だよ」

人生の宿題。健太郎くん、勉強は嫌いです。宿題も大嫌い。けれどもエンマさまが言った人生の宿題、大変心に残りました。何か大切だなあと思いました。自分のことをちゃんと知っていく……。

ふっと気がつくと健太郎くん、家の前で倒《たお》れていました。車はピタッと止まって、かすり傷ひとつありません。あまりにびっくりしたので、しばらく気を失っていたのです。これが健太郎くんの体験した不思議な物語。

自分のことをちゃんと知っていく。そういう生き方を一人ひとりが見つけていく。これが私たちの人生の宿題です。私たちには闇があるのですから。

誰もが持っている人生の宿題。皆さん、この宿題をけっして忘れないように生きていきましょう。

創作法話　人生の宿題　――健太郎くんの見た地獄と極楽――

これにて、おしまい、おしまい。

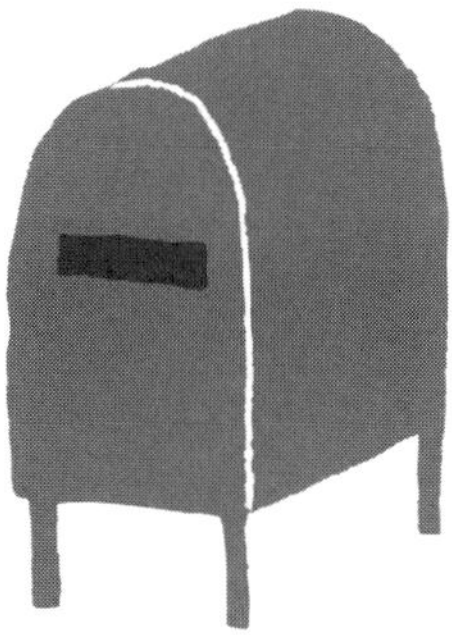

コラム①

阿《あ》弥《み》陀《だ》さまとは?

阿弥陀如来《あみだにょらい》のことを阿弥陀さまと呼んでいますが、歴史上の人物ではありません。

「阿弥陀」とは、もともとインドの言葉で、「アミターユス」(無量寿《むりょうじゅ》)、「アミダーバ」(無量光《むりょうこう》)の二つを意味しています。「如来」は、「私に真理《しんり》がはたらく」ということを意味しています。そのお姿は、「いつでも、どこでも、どんな人も必ず苦悩から救う」という"誓い・願い"が形をとったものなのです。色も形もない、私たちの思いやはからいを超えた"はたらき"を、私たちにわかるように表現されたお姿を阿弥陀さまと呼んでいるのです。

おかげさま

杉原《すぎはら》 隆《たかし》

（愛知県　了慶寺）

ある時、お寺に集まった子どもたちに質問しました。

「今、みんながこうしてあるのは、どんなおかげさまがあるでしょう」

子どもたちは次々と答え、私はそれを全部黒板に書き出しました。

「お父さん、お母さん、おじいちゃん、おばあちゃん、先祖。友だち、先生。仏さま。米、野菜、くだもの。肉、おやつ。家、学校。ゲーム、スマホ、タブレット、パソコン、テレビ、おもちゃ、グローブ。マンガ、本。サッカー、野球、中日ドラゴンズ。自転車。猫、犬。お金。水、空気、土。太陽、宇宙。地球。足、心臓。うんこ」

小学2年生のK君が「うんこ」と言った瞬間、大爆笑になりました。するとA年生のAさんが、「お寺ではそんな汚いこと言っちゃダメだよ」と注意しました。笑い声が止まり、少し静かになりました。

そこで、黒板も答えでいっぱいになったので、私はひと区切りにすることにしました。

「教えてくれてありがとう。家族、食べ物、お金、水、空気……。

全部、おかげさまかな。一緒に確認しよう」

最初は「先祖」です。私は子どもたちに先祖の人数を尋《たず》ねました。みんな適当に数を答えました。それならば数えてみようということで、お父さんお母さんが、2人。おじいちゃんおばあちゃんが4人。ひいおじいちゃんとひいおばあちゃんが8人……。5代前にさかのぼった時、計算が難しくなったので、あらかじめ用意した答えを言いました。10代前にさかのぼると合計2046人。20代前にさかのぼると合計209万7150人。30代前にさかのぼると……。

子どもたちは数の多さに驚《おどろ》きました。さらに先祖の誰か一人がいないだけでも、自分がいないということを伝えると、みんな信じられない様子でした。

次に、「宇宙」「地球」です。宇宙の誕生は、約137億年前。地球の誕生は、約46億年前。ついでに人類の誕生は、約500万年前と言われています。こうして途方もない長い長い歴史をへて、今、私たちは、ここにこうしています。

「宇宙」「地球」に関連して、「足」について思い出したことがあります。それは、私との関係です。多くの人は、宇宙の中で、地球の上に足で立っているように思っています。それは決して間違いではありません。でも、見方を変えると、地球が宇宙の中の一部と同じく、私も地球の一部で、切り離せない存在ということも事実です。話は少しずれましたが、足も、私を支えているおかげさまです。さらに、足の中でも、特に足の裏は、立っている時、歩いている時、走っている時、地面が冷たくても、熱くても、いつも黙って支えてくれています。

次に「心臓」です。みんなは体の中にある心臓が今までに何回くらい鼓動《こどう》してきたか知っていますか。それでは1分間、心臓の鼓動を数えてみましょう。人は1分間に60から70回くらい動いているそうです。1時間は60分なので、少なく計算しても60回×60分＝3600回。1日は24時間なので、3600回×24時間＝8万6400回。1年間は365日だから、8万6400回×365日＝3153万6000回。小学4年生でちょうど10歳の人なら、この数字を10倍して3億1536万回。さらにお母さんのお腹の中にいる時から、鼓動は始まっているので、実際にはもっと回数は増えます。みんなが起きている時も、寝ている時も、休まず心臓は動いています。呼吸を止めるように、少し鼓動を休めようと思っても動いています。自分の身体のことでも知らないことがありますね。

最後に「うんこ」です。みんなは、K君が「うんこ」と言った時、大爆笑でした。さて、「うんこ」は、おかげさまに入るかどうかよく考えてみましょう。それでは、みんなに尋ねます。入るか、入らないか、どちらかに手を挙げて下さい。まず、おかげさまに入ると思う人。次に、おかげさまに入らないと思う人。どちらか分からないという人。これはとても難しい問題です。私も考えたことがありませんでした。では「うんこ」が出なかったことを考えてみてください。どうなるでしょう。3年生のM君が「おなかが痛くなって、ご飯が食べられなくなる」と答えました。そうだね。「うんこ」が出るから、元気にいられるんだね。だから、「うんこ」も「おかげさま」に入るね。思いもよらないものでも、実はなくてはならない大切な「おかげさま」ということをK君に教えてもらいました。

みんなでたくさんの「おかげさま」を出しあい、それらを確かめることを通して、量り知れない歴史と思いも及ばないおかげさまの中で、今、私がこうしてあるということを学びました。

私たちは一人ひとりかけがえのない尊い存在です。そして、私と同じように、他の人もみんな同じく尊い存在です。でも、生活の中で、いつも私を大事にすることや、他の人と大事にしあうことはとても難しいことです。

だからこそ、みんながそれぞれに尊いのだよと伝える仏さまの教えに学んでいくことが大切だと思います。これからも一緒に学んでいきましょう。

コラム❷

お釈迦《しゃか》さま

お釈迦さまは、今から約2500年前、インドの小さな国の王子として生まれました。

お城では何不自由ない生活をしていましたが、ある時、人間は生まれ、歳をとり、病気になり、死んでしまうことを知りました。そんな悲しみをのり超えるために、お城を出て修行《しゅぎょう》をしました。

そして、すべて生きているものは、生まれ、歳をとり、病気になり、死んでしまう。人間はそのことから逃れられないということを深く知り、それを引き受けて生きていく智慧に目覚められました。

お釈迦さまは、80歳で亡くなられるまで、多くの人々にその教えを伝えられました。

〝いのち〟の全力投球

西尾《にしお》 朋央《ともひろ》

（東京都　福成寺）

京都にある東本願寺にお話を聞きにいった時、ある養護施設《しせつ》の園長先生が、こんなお話をしてくれました。

養護施設の子どもたちは母親への思いを語る時、よくこういうことを言うんです。「母ちゃんに〝お前なんか産むつもりなかった〟と言われた」と、とっても辛そうな顔をして言うのです。そこで僕は子どもに「ではお前は何て言った」と聞くと、「俺は頼んだわけじゃない」、「頼みもしないのに産んどいて、何を言うんだ」と。

僕はそれを聞きながらいつもこう思います。「そんな母ちゃんをして、お前を産ましめた力がどこにあったんや。その力があったからお前は産まれてきたのではないか。頼みもしない、そんなお前だけれども、お前を支えて、お前に一生懸命勇気をつけて、産まれ出させた力があったんではないか。自分の出発を支えたものに気がつかなかったら、人間じゃないよなぁ」と。
それからもう一つ、「お母さんは自分の力で産んだのではない。お前は自分の力で産まれてきたのではない。お前の後ろには大きな〝いのち〟の流れがある。そういう〝いのち〟の流れがお前一人をこの世に生まれ出すために、そして、生まれ出たお前をこの世に受け入れるために全力投球してくれたんや。だからお前はかけがえのない〝いのち〟なんだ。お前はかけがえのない〝いのち〟、そういう一人ではないか。お前はかけがえがないいんだよ」。

どうですか。難しかったですか。園長先生は「何にだって出発はあるけども、いつの間にか忘れちゃっている。しかし、そういうものは確かにあるし、人間の出発を支えてくれた、そのことに気がつかなかったら人間ではないじゃないか」と言われました。

住職はこのお話をずっと忘れられずに覚えています。なぜ忘れられないのか。それは、このお話は養護施設の子どものお話だけれども、住職自身のことでもあるなって思ったからです。自分のこと。だから忘れられないんじゃないかなって。そうすると、このお話はみんなのことでもあるよね。

私は一人で生まれてくることはできません。お父さんお母さんがいて、おじいちゃんおばあちゃんがいて。家族以外でもお医者さんがいて、病院を作ってくれた大工さんがいて。言い出したらきりがない程たくさんの人が私に関わってくれて、はじめて私一人が生まれてきます。その関わりを先生は〝いのち〟と言ってくれています。

そしてその〝いのち〟に、あることを願われて私たちは生まれてきたんだと住職は思うのです。何を願ってくれているのでしょうか。それは「生まれてきてよかった」と、生きる喜びを感じてほしい、と願ってくれているのだと思います。

みんな一人ひとりかけがえのない〝いのち〟。そして、その〝いのち〟が全力投球してくれて、さらに生きる喜びを感じてほしいと願ってくれて、私は生まれてきたということを、どうか今日は感じてもらいたく、お話をさせてもらいました。

コラム③

花まつり

お釈迦さまの母マーヤーは、お産のため実家へ里帰りする途中、ヒマラヤ山脈のふもと、現在のネパール領内のルンビニーという花園に立ち寄って休んでいた時に、急に産気づいて出産することになりました。

お釈迦さまが花畑の中で誕生したことから、お釈迦さまの誕生を祝う行事は「花まつり」と呼ばれています。

わたしを見る鏡

松下《まつした》 蓮《れん》

（京都府　延福寺）

なむあみだぶつ　なむあみだぶつ　なむあみだぶつ。

今、合掌《がっしょう》して仏さまのお顔を見ながら、なむあみだぶつ、と称《とな》えました。みんなは、その時、どんな仏さまに見えましたか？

仏さまのお顔って、優しいお顔をしているようにも見えるけど、時には厳しいお顔に見える時もある。すましたお顔に見える時もある。みんなは、仏さまのお顔がどんな顔に見えますか？

実は私は、仏さまのお顔って怖いなあ、恐ろしいなあって思う時があります。どんな時かというと、本堂のお掃除《そうじ》をしている時です。

一人で本堂を掃除していると、私はいつも、「めんどくさいな、やりたくないなあ」って思うから。みんなは、学校の掃除をしている時は、「ああ、楽しいな、うれしいな」って思って掃除しているかもしれないけど。私は、掃除が嫌いなの。大嫌いと言ってもいい。だからいつも

「愚痴《ぐち》」を言います。「愚痴」は、文句のことです。一人だから、心の中で言います。「なんで私だけ」とか「テレビ見てお菓子食べたいなあ」とか、「誰も手伝ってくれないなあ」って。ずいぶん勝手な文句だけど。だから、本堂の掃除をしていると、なんとなく、視線を感じる。誰の視線かというと、そう、仏さま。普段ありがたい気持ちでお参りをしている時は、「ちゃんとお参りしてくれて偉いね」とほめられているようで、仏さまのお顔が優しく見えるのに、掃除している時は違う。「こら！　見てるぞー、愚痴なんか言わずに掃除をちゃんとしなさい」って、怖い顔をして叱られている気がします。だから、叱られないように、「ちゃんとしてます！」と思い直そうとするんだけど、自分で自分の愚痴っぽい気持ちを変えることはなかなかできません。めんどくさいものはやっぱりめんどくさい。

でも、仏さまって実際にそうやって私に怖い顔で叱ってるわけではありません。だってお寺にあるのは仏さまの像ですから、像は動きもしないし声も出さない。それなのに、どうしてそんな気がするんだろう？

それは、私の思いがあるからです。「掃除をちゃんとしなくちゃ叱られる」「いい人になって真面目にしなくちゃ」って仏さまに言われているようで怖いっていうのは、私の作り上げた「思い」だということです。私の勝手な「思い」が、仏さまの無言の姿を通して、また私に帰ってきているということです。

仏さまは、そんなことを思わない存在です。掃除をしてもしなくても、愚痴を言っても言わなくても、私にそれが良いことか悪いことかは何も言いません。ただただ、私のやっていること、思っていることをそのままにうけとめてくださっているだけです。もっというと、何が良くて何が悪いのか、仏さまはそういう決めつけをしません。

反対に私は、生まれた時から死ぬ時まで、すべて「私の思い」で生きています。「掃除をちゃんとするのが良いことだ、しなきゃいけない」って。真面目にすることが良いこと、愚痴を言わないのが良いこと、そんなふうに自分で良し悪しを決めてしまっている。もし、仏さまが優しいお顔をしていて、私のことを見守ってくれているなと思ったら、それは本当に仏さまが私のことを見守ってくれているのではなくて、私がそう思ったということです。それと同じように、私が掃除の時に叱られているように感じたのは、私がそう思っただけだったんだね。

仏さまという存在は、偏《かたよ》った「私の思い」を知らせてくれる鏡みたいなものです。仏さまの視線を通じて、私は何を思うか。その時仏さまが、思いを中心に生きている私の姿を見せてくれる。

さあ、またみんなで仏さまに向かってなむあみだぶつを称えましょう。仏さまの姿を通して、どんな私が見えてくるだろう。仏さまは、どんな私をうけとめてくれているかなあ。

なむあみだぶつ　なむあみだぶつ　なむあみだぶつ。

バウムが教えてくれた物語

佐賀枝《さがえ》 夏文《なつふみ》

（富山県　榮明寺）

この物語の主人公は、樹木のバウムです。バウムがお話してくれた物語をはじめることにしましょう。

美しい森

バウムは、深く美しい森で生まれ、そして、楽しい仲間の中で育ちました。森はたっぷりのオゾンに包まれ、おいしい水や空気がいっぱいでした。昨日も今日も、そして、明日も平穏《へいおん》な森でありますように、この幸せがいつまでも、変わらないようにとつぶやくのでした。

ある日の出来事

暑い夏が過ぎ、秋風が吹く季節がやってきました。そんなある日、いつもと様子が違っていました。それは、とても蒸し暑く、生暖《なまあたた》かい風が吹いていました。そして、森がザワザワして、いつも遊びに来る鳥たちもなんだか、様子が違いました。突然、ザワッ、ゴーと突風が吹いたかとおもうと、急に風が止まって、生暖かな空気に包まれました。お昼が過ぎたころ、空の雲が驚くほど早く流れだしました。「この風はなんだ」「台風が来るんじゃないか」「きっと、大きな台風だっ」と、森ではみんながささやき、ザワザワしはじめました。青年バウムは、「台風か。ボクはこんなに立派に枝を張り、葉っぱをつけているから大丈夫だ」と自信ありげでした。すると、にわかに今まで見たこともないような雨雲で、森はすっかり暗くなりました。おまけに、突風は葉っぱや砂を舞い上げはじめました。

大きな台風

バウムは、突風のなかで、踏ん張ります。舞い上がる砂ぼこりにめげず、懸命《けんめい》に立ち続けます。しかし、嵐《あらし》がおわりません。森の仲間たちも懸命に踏みとどまっています。葉っぱは見る見るうちに、風に舞い上がり、飛ばされていきます。ザー、ゴー、ザザッ、ゴトン、バタン、なんとも恐ろしい音です。森の仲間たちとともにバウムも踏ん張り、がんばりました。しかし、瞬《また》く間に、葉っぱが落ち、自慢《じまん》の枝がボキッと折れ、仲間たちが倒《たお》れてしまいます。

台風が通り過ぎて

明け方にやっと台風が通過しました。疲れ果てたバウムは、ゆっくり目を開けました。台風であの美しい森は、驚くほど変わり果てていました。仲間たちが倒れ、色とりどりに彩《いろどり》を見せていた葉っぱは落ち、荒れ果てた姿になっていました。バウムも自慢の枝を失い、つらい姿になっていました。

失った仲間、失った自分の葉っぱや枝を思い、バウムは泣きました。倒れた仲間をおもうと悔《くや》しくて怒りがこみ上げてきました。「あの台風がなかったらよかったのに」、「夢だったら良かったのに」と、ぶつけようのない気持ちになりました。

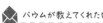

つらいバウム

バウムは、大切な仲間、失った葉っぱ、自慢の枝が戻ってきますように。あの平穏な森をわたしに返してください。わたしの大切なものを返してくれるなら、何でもさしあげますから「返してください」とおもうのでした。夢であったら良いのに、ウソであってほしい、そして、「すべてを返して」とおもうバウムでした。しかし、失われた森の平穏、森の仲間たち、失った葉っぱ、自慢の枝は元には戻りませんでした。くる日も、くる日もバウムはつらくて泣きました。まるで、長いトンネルの闇《やみ》の中にいるようでした。

バウムのコブ

いつしか長い時間が流れました。バウムは目を開けて、しみじみあの台風で別れた仲間たちを思い出していました。そして、ふと、自慢の枝が折れた傷あとをみてみました。すると、時間が経って立派なコブになっているではありませんか。バウムが流したたくさんの樹液の涙が、いつのまにか大きな立派なコブになっていたのです。

バウムのつぶやき

失った仲間や自慢の枝は戻ってこないけど、気がつけばいつの間にか、傷あとは大きくて立派なコブになっていました。失ったものは返ってはこないけれど、悲しさの涙をたくさん流した傷あとに、立派なコブができていたのは、わたしの「生きてきた証」であり「生きてきた足あと」なのだと、しみじみバウムはおもいました。そして、バウムはつぶやきます。仲間とのつらい別れ、折れた枝の痛み、あのことはなかったことにはならない。しかし、目にはみえない「大いなるはたらき」で立派なコブとなっていました。このコブはわたしが「生きてきた証」、いつまでもこの「コブ」を大切に生きていこうとおもうのでした。

おしまい

コラム④

親鸞聖人《しんらんしょうにん》

親鸞聖人は、1173年に京都で生まれました。9歳の時にお坊さんになるため、比叡山《ひえいざん》（滋賀県と京都府にまたがる山にある山）のお寺に入りました。

そして、20年間も修行《しゅぎょう》をしましたが、人として生まれた喜びや意味を見つけることができないまま、比叡山を降りられました。その後、京都にいる法然上人《ほうねんしょうにん》との出遇《であ》いによって、人として生きる仏さまの道を学ぶことになったのです。

それから、親鸞聖人は、1262年11月28日、90歳で亡くなられるまで、たくさんの人に、お念仏の教えを伝えられました。

わたしは何で
できている？

狐《こ》野《の》 やよい

（三重県　西恩寺）

『くまの子ウーフ』（神沢利子・文、井上洋介・絵、ポプラ社）という幼年童話があります。ウーフという名のくまの子が、毎日のくらしのなかで不思議に思ったり、感じたりした話がいくつか入っています。その中で、「ウーフはおしっこでできているか？」という話をしたいと思います。

それはこういう話です。ある朝、ウーフはお母さんがつくってくれたごはんをたべていました。その目玉焼きをみて、たまごが白身と黄身でできていると気がつきます。すると、自分のまわりのものが何でできているか急に気になりました。そこに、一緒にいたお父さんが、スプーンはステンレスでできているとか、イスは木でできているということをウーフにおしえてくれました。それでうれしくなったウーフはともだちにおしえようと出かけていきました。

　すると、今朝たまごを産んでくれためんどりに会います。めんどりは、たくさんのたまごでできているんだと思ったウーフは、きつねのツネタくんにそのことを話すと、「それじゃあ、ウーフはおしっこをするから、おしっこでできているんだ」と言われます。そんなことを言われて、くやしくなったウーフですが、言いかえせず「自分は何でできているか」を考えるのです。ころんで血がでたり、なみだも流せるとしったウーフは「ウーフはウーフでできている」とうれしそうにいったのです。

　「ぼくはしなない　なぜならぼくはじぶんじしんだから」という詩を書いた小学六年生の男の子が、その言葉をのこして自分でいのちを絶ってしまいました。とても悲しいことでした。「自分は自分でできている」という言葉は、いろんなしがらみやきまりごとから、自由になったということです。人間はみな平等で、独立した一人の人間として何にでもなれる自分であることを知ったのです。ところがそこに落とし穴がありました。

私はだれの助けもかりず、人に迷惑もかけないで生きているのだと、毎日をすごしています。ですから何の問題もなく日々をすごすのは、あたりまえだと思っています。しかし、思いがけないことがおこるとうろたえてしまいます。じつはそのことが、何でも思い通りにできる「自分」というものはないのだということをおしえているのです。それは自分の身体《からだ》をみればわかります。若くて健康で、自分の思い通りになる時には、まったくわかりませんが、年をとったり、病気になったり、けがをしたりすると、この身体は自分の思い通りにならないとわかるのです。

私たちが「南無阿弥陀仏《なむあみだぶつ》」と念仏《ねんぶつ》申すのは、この身体に呼びかけられている声なのです。阿弥陀仏は私がたった一人でここに存在しているわけではないことを教えてくれます。南無は深くうやまうことですが、ふりかえってみれば、その阿弥陀仏の呼びかけにまったく気づかず調子に乗って、いい気になっている自分を見せつけてくださるのです。その南無こそが、自分が自分になる瞬間であり、自分以外のものにならなくていいということです。だから、こう言いたいのです。「わたしは、南無阿弥陀仏でできている」と。

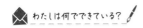

コラム5 正信偈《しょうしんげ》

「正信偈」は、親鸞聖人《しんらんしょうにん》が書かれた偈《うた》で、昔からたくさんの人に読まれているものです。親鸞聖人が長い年月をかけて書かれた『教行信証《きょうぎょうしんしょう》』という書物の中にあります。

正信偈には、親鸞聖人がお念仏《ねんぶつ》の教えに出あったよろこびと、そのお念仏の教えを、インドから中国へ、そしてこの日本にまで伝えてくださった7人のお坊さん（七高僧《しちこうそう》といいます。88ページ参照）への感謝の言葉が書かれています。

『教行信証《きょうぎょうしんしょう》』（坂東本《ばんどうぼん》）

芽《め》吹《ぶ》きのとき

本間《ほんま》 義敦《よしのぶ》

（青森県　蓮心寺）

お寺の窓から外をながめると、灰色の空から白い雪が舞い降りてきます。そんな冬の季節がいよいよやってきます。お寺のまわりは一気に白い世界に変わり、まるで緑の木々があったことなど嘘《うそ》のように見えます。

雪が降ると楽しみなこともあります。それは、春が楽しみになること。冬のうちからお寺の雪の下、地面には新しい芽が準備をしています。雪解けの水が地面をうるおし、太陽が表面の雪をとかすとあっという間に芽が伸びていきます。まるで春が来ることを知っていたかのように。雪解けは植物にも人にとっても待ち望んでいたことなのだと教えてくれます。

季節はさかのぼりますが、みなさんは夏休みのことおぼえていますか？　自由研究はどんなことをしましたか？　あるお寺では、夏休みに子どもたちがお寺に集まって新聞記者になり、お寺のことを取材・調査して新聞を書いてくれました。みんな真剣に話を聞いて取材をするなかで、住職さんが本堂の阿弥陀如来《あみだにょらい》のことを「阿弥陀さまは誰ひとり仲間はずれをつくらない」とお話してくれました。それを聞いた子どもたちの、ある子がこう新聞に書いていました。

「アミダニョライは一つだけ大切にしていることがあるそうです。
それは、ぜったい一人もなかまはずれにしない。ということだそうです。」（本文まま）

本堂の阿弥陀如来の写真にこんなふうに説明を書いてくれて、最後に感想としてこう書いてくれていました。

「お寺は昔の人や昔の教えなどのさまざまなことが分かりました。ぼくは、これからもずっとずっと仏様のおしえをつなげていき、お寺のことをずっとずっとわすれないで、このいろんなひみつをいろんな人につたえていきたいと思います。」（本文まま）

言葉を発するとたくさんの人に向かって広がっていきますが、言葉が伝わるとき、それは相手ひとりひとりに伝わるものだと教えてもらったことを思いだしました。ひとりに伝わっていったときに、大事な言葉は「教え」に変わっていくのではないでしょうか？　もしかしたら「仲間はずれをつくらない」ということは、仲間はずれなんかつくったことないと言っている人にも、仲間はずれをつくってしまった人や、仲間はずれにされたと感じている人のところにも伝わっていくのでしょう。喧嘩《けんか》をしたとき、相手に勝ったとき、自分が絶対正しいと思ったとき、でもなんだかモヤモヤとした気持ちが芽生えることがありませんか?

みんなが書き上げてくれたお寺の新聞は、夏休みが終わったあとそれぞれの学校で展示されたようです。その後、展示から返ってきたその新聞はお寺の本堂で報恩講《ほうおんこう》が終わるまで展示され、お参りに来たたくさんの人がその新聞を見ていました。たくさんの一人ひとりに、大事な「教え」となって伝わっていったのではないでしょうか。

これから寒くなってきます。雪の冷たさや寒さは身にしみます。反対にお日様が出てくると暖かさを感じます。どちらも伝わってくる中で、春を待つ芽は過ごします。芽吹きのときをしっかりと待っているのではないでしょうか。

仏さまの教えは私たちにとってどんな芽吹きのときを待っているのでしょう。時節到来《じせつとうらい》ということばがあります。季節が必ずめぐってくるように、仏さまの教えも伝わるときが私たちに訪れるのではないでしょうか。

冬休みがやってきます。雪が降っているところ、晴れているところ、寒いところ、みんなの周りはどうなっていますか？

いのちは誰のもの？

中村《なかむら》 薫《かおる》

（愛知県　養蓮寺）

みなさんは、これまで「いのちは誰のものか」と考えたことがありますか。そんなことは問われたことがないかもしれません。もしあらためて「いのちは誰のものか」と問われれば、「自分のものに決まっている」と答えるでしょう。それでは、もしいのちが私たちのものであるならば、私の思い通りになってもいいはずでしょう。自分のものであるということは、自分の思い通りになって初めて自分のものと言えると思うからです。お母さんに買ってもらった鉛筆《えんぴつ》を友だちが持って行ってしまったら「それは僕のだから返してくれ」と言うでしょう。ところが、私たちは身も心も果たして自分の思い通りになっているでしょうか。

今日はそんなことからいのちについて考えてみたいと思います。

白鳥《しらとり》の喩《たとえ》

お釈迦《しゃか》さまがまだ王子であった頃、従兄《いとこ》のダイバダッタといっしょに森を散歩していました。するど、どこからともなく一羽の白鳥が飛んできました。ダイバダッタは、当時インド一の弓使いの名人でした。その白鳥を目ざとく見つけると、持っていた矢で射落してしまいました。羽に突き刺って飛ぶ力を失った白鳥は、ハタハタと森へ落ちて行きました。すると、お釈迦さまは白鳥が落ちたと思うところに一目散に走って行って、傷ついている白鳥をみつけると、そのまま家へ持って帰ってしまったのです。そして、自分で介抱していました。

すると、ダイバダッタがやって来て、「あの白鳥は自分の弓矢で射落したのだから自分のものだ、私に返してくれ」というわけです。お釈迦さまは、「今、自分が介抱《かいほう》しているから私のものだ、返すわけにはいかない」と言われました。二人の少年が一羽の白鳥を奪《うば》い合いました。二人で口論《こうろん》していてもらちがあきませんので、村の人に聞いてもらうことにしました。

白鳥はお釈迦さまのものか、ダイバダッタのものか。

ダイバダッタは自分の弓矢で射落したのだから自分のものだと主張します。お釈迦さまは、今自分が介抱しているのだから自分のものだと主張します。村の人に聞いたら、それはダイバダッタのものだという人が半分。いやそれはお釈迦さまのものだという人が半分。半々に分かれてしまったのです。そこで、最後に村の長老に聞くことにしました。長老は、こう言いました。

「すべていのちは、それを愛そう、愛そうとする者のものであって、傷つけよう、傷つけようとする者のものではない」と。

その長老のことばがあまりにも厳粛《げんしゅく》だったので、一同は頭を垂れました。

こんな話がインドの古い物語に残されています。

さて、ここで「いのちは誰のものか」という一つの結論が出てきました。皆さんは、「いのちは自分のものである」と思っておられるかもしれません。しかし、「いのちは誰のものか」と問われれば、「いのちは、愛そう、愛そうとする者のものであって、傷つけよう、傷つけようとする者のものではない」と言うのです。

ところが、私たちの心の中には、愛そうとする自分と、傷つけようとする自分の両方を併《あわ》せ持っているわけです。私が私のいのちを愛そうとする気持ちを持ちながら、私が私のいのちを粗末《そまつ》にする、生まれてこなければ良かったと、愚痴《ぐち》や、不平や、不満を言って暮らしている。そん

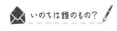

な私の生き方。両方を備えているのが、実は私の生き方ではないでしょうか。

仏さまは常に私たちのいのちを愛していてくださるのです。

かけがえのないあなた

栗栖《くりす》 寂人《しずひと》

（兵庫県　正行寺）

僕たちは、そのままをそのままに、あるがままをあるがままに真っすぐに見るということがとても難しいよね。何かと比べないと分からないから、難しいというよりできないのかもしれない。

例えば、自分と人とを比べてあの子より「できない」とか、反対にあの子より「できる」と思ってしまうことってない？

僕は小学4年生の時に転校して、今のお寺に入ったんやけど、すぐに一番仲よくなった友だちにいつもくっついて一緒に遊んでて、そのうちこの友だちが自分から離れていったらどうしようと思うぐらい大好きになったの。離れていくのが怖かったから、自分自身少し無理してたような気がするなぁ。その友だちは、自分よりすごくしっかりしてて、大人でリーダーシップもあって、かっこいいなぁって思ってた。それに比べて自分は恥ずかしがりやで全然しっかりしてなくて、ずっとその友だちみたいになりたいなぁって憧《あこが》れてたけど全然なれないし、そんな自分であることに嫌な思いをすることもあって、なりたい自分になれない自分はダメだなぁってよく思って小さくなってた。でも、ダメだなぁと思ってただけじゃなくて、運動はできる方やったから、自分よりできない子と比べてその子を小さくして、自分は大きくなってた。本当は大きくも小さくもない、この自分があるだけやのに、人と比べて小さくなってダメやなぁと思ったり、大きくなってどうだ！　って思ったりしてたんやね。

仏教をひらかれたお釈迦《しゃか》さまは、今から約2500年前にお生まれになって、生まれてすぐに「天上天下唯我独尊《てんじょうてんげゆいがどくそん》」と言われたと伝えられているんやね。

それは、「ただ我一人にして尊し」っていうこと。

勉強や運動ができたり、なりたい自分になれるようにとか、そういう何かできるようになることじゃなくて、誰とも代われない、いや、誰とも代わる必要がない、かけがえのない一人として生まれて、そして今ここに存在していることが尊いんだよって。お釈迦さまだけじゃなくて、人は誰もが生まれながらにして、かけがえのない存在なんだよと。そのことを呼びかけておられるのが阿弥陀仏《あみだぶつ》という仏さまなんだと教えられているんやね。

僕らはできてもできなくても、本当は価値が変わることはないのに、「できる」ことは良くて、「できない」ことはダメだっていう世の中になっているから、威張ったり、落ち込んだりしてしまうんやね。でも、あなたはあなたのまま、誰にも代わる必要がないって願われて、そして、あなただけじゃなくて誰もが同じように願われているの。南無阿弥《なむあみ》陀仏《だぶつ》って……。

僕たちが仏さまに手を合わせて南無阿弥陀仏と称《とな》えることが、そのまま「あなたはあなたのままかけがえのない」という仏さまの呼びかけを聞くということ。だから南無阿弥陀仏を称えることを一番大事に思って、何代も何代も僕たちのところまで伝わってきたんやで。僕は今でも似たような状況の時、自分で嫌な思いをすることがあるんやけど、それは、子どもの時に感じてたものが覆《おお》いかぶさって出てきてるような気がしてしょうがないんや。でも、ここに伝わってきた南無阿弥陀仏を称えることが、お釈迦さまが言ったとされる「天上天下唯我独尊」、人は誰もが生まれながらにして尊いんだというところに皆が帰れるということなんや。だから失敗しても、間違えても、できなくても自分はダメだと思わなくていいんや。「ただ我一人にして尊し」ということが南無阿弥陀仏から教えられてくる事実やから……。

自分のことを大事に思えたら、人のことも大事に思えるんじゃないかな。

別々でも一緒の時でも南無阿弥陀仏称えよな。僕もあなたも〝かけがえのないあなた〟と仏さまから呼びかけられている存在やから。

私を呼ぶ声

楠《くすのき》 信生《しんしょう》

（北海道　幸福寺）

三人の盗賊《とうぞく》

昔、インドに悪知恵のはたらく三人の盗賊がいました。「盗賊」というのは泥棒のことですが、三人で大金持ちのところに盗みに入りました。そして、たくさんの金銀財宝と食べ物を盗んで山の中に逃げました。何日かすると、食べるものがなくなってきました。そこで、三人の中の一人が、「誰かが食べ物を町に買いに行かなければならない」と言って、三人でくじ引きをしました。そしてくじ引きの結果、一人の盗賊が町へこっそりと食べ物を買いに行きました。そのあいだに、残った二人の盗賊が相談しました。「あいつが戻ってきたら、二人であいつを殺そう。そうしたら二人で山分けできる」と。

しばらくして、買い物に行った盗賊がたくさんの食べ物とお酒を買って帰ってきました。岩陰《いわかげ》に隠れていた二人の盗賊は、買い物をしてきた盗賊を襲《おそ》って殺してしまいました。「これで、二人で山分けができる。山分けする前に、買ってきた酒で祝いの酒を飲もう」と言って飲み始めました。すると、飲み始めた途端《とたん》に具合が悪くなって二人とも死んでしまいました。実は、最初に殺された盗賊は、二人に毒を飲ませて宝物を独り占めしようとしていたのです。結局、三人とも死んでしまったのです。

どうですか？　おそろしい話ですね。ところがね、仏さまは今の話を聞いて、「おそろしい」とは思われないのです。「悲しいことだ」と言われると思います。それが私たち人間と仏さまの違いです。私たちはこういう話を聞くと、「おそろしい」、「そんな目に遭《あ》いたくない」、「そんな人と会いたくない」と思ってしまいます。でも仏さまはこの話を聞くと「悲しい人だ」と感じられるのでしょう。

姉弟のお話

私がお参りに行った時のことです。8歳くらいのお姉ちゃんと5歳くらいの弟の二人が目の前にいましたので、「二人がいて、ケーキが一個だけあったらどうする?」と聞いてみました。その時に弟さんが真っ先に言ったことにちょっとびっくりしました。何て言ったかというと「僕一人で食べる!」と。おまけに「一人で食べたほうがおいしい」と言うのです。その後に、お姉ちゃんがちょっと恥ずかしそうに、「分けて食べる。分けて食べたほうがおいしい」と話してくれました。

この話も、お姉ちゃんのほうが素晴らしい子で、弟はちょっと勝手な困った子だなというだけのことではありません。仏さまはどのように見ておられるかな? 「一人で食べたほうがおいしい」と言った弟には、「もう少し人のことを考えよう。人のことを考えることが本当に自分を大切にすることだよ」。それでは、お姉ちゃんはどうだろうか。「分けて食べたほうがおいしい」というやさしい気持ちの子は、ずっとつらい目や苦しい目にあわないで済むのだろうか。いくら優しい良い子でも、悲しい目にあうのではないだろうか。その時には仏さまは「自分を見失わないで、自分を大切にするのだよ」と一緒に悲しんでくださいます。ですから、仏さまは、男の子は良くない子、女の子は良い子、ただそれだけじゃなくて、仏さまはいつも両方を心配して見ていてくださいます。

仏さまの呼びかけ

またある時、2歳くらいの子がお父さんと一緒にいるのだけれど「お母さん、お母さん」と言いながら泣いていました。みなさんは「悲しいな、さみしいな」と思ったときに誰の名前を呼びますか？

お父さんもお母さんも、そして、おじいちゃんもおばあちゃんも、本当に悲しいときや、また、うれしい時に「南無阿弥陀仏《なむあみだぶつ》」と言って、親を、そしてその親が親を思うように「南無阿弥陀仏、南無阿弥陀仏……」と言ってこられました。「南無阿弥陀仏」とともに、その気持ちが大切に受け継がれ、私のところまで届いています。

仏さまが私たちに「南無阿弥陀仏と、私の名を呼んでください。そして、本当の人間になってほしい。本当の人間になりたいという心でみんな一緒に南無阿弥陀仏と言いましょう」と、このように呼びかけてくださっています。

私たちにはどうしても自分さえよければいい、自分が楽しければいい、そういう気持ちがわいてきます。その時に「南無阿弥陀仏」という言葉が、「それでいいのかい？　それで本当にあなたは満足できるの？」

と問いかけてくれます。その心を七百五十年以上前の親鸞聖人《しんらんしょうにん》が私たちに伝えてくださいました。そして今、皆さんのお父さん、お母さん、おじいちゃん、おばあちゃんが、その心を受け止めてほしいという一念で、仏さまの呼びかけをみんなで一緒に聞く場としてお寺があるのです。

コラム⑥

七高僧《しちこうそう》

親鸞聖人は、7人のお坊さんの教えをとても大切にされました。

その7人とは、インドの龍樹《りゅうじゅ》、天親《てんじん》、中国の曇鸞《どんらん》、道綽《どうしゃく》、善導《ぜんどう》、日本の源信《げんしん》、源空《げんくう》（法然上人《ほうねんしょうにん》）で、七高僧といわれています。

親鸞聖人《しんらんしょうにん》は、お釈迦《しゃか》さまの教えをインドから中国、そして日本へと伝えてくださった七高僧への感謝のお言葉を正信偈《しょうしんげ》に書き記し、伝えようとされています。

〈正信偈の中にでてくる7人のお坊さん〉

龍樹（150 ～ 250 年ごろ）インド南部

天親（400 ～ 480 年ごろ）インド北部

曇鸞（476 ～ 542 年）中国

道綽（562 ～ 645 年）中国

善導（613 ～ 681 年）中国

源信（942 ～ 1017 年）日本

源空（法然）（1133 ～ 1212 年）日本

まいごの私

青井《あおい》 和成《かずなり》

（富山県　常入寺）

私には小学生の子どもがいます。その子がまだ保育所に通っているころ、夜寝る時によく絵本を読んであげました。古典落語が絵本になったもののもお気に入りでしたが、もっともっとお気に入りのものがありました。それは、『あしたから一年生』(東本願寺)という絵本です。読んでいる私も好きになっていった本でした。その本の中で、おじいちゃんがお風呂の中で孫のこうすけ君に向かって「こどもは、まいごになりながらおおきくなるのさ」と言った言葉がとても印象に残っています。

自分が成長していくには、まいごだと感じることや、ひとりぼっちだと感じることも大切なのだとこの絵本を読むたびに教えてもらいました。

でも、私も子どもの頃まいごになったことがありますが、ひとりぼっちでさみしくて、とても不安な気持ちになりました。誰しも一度はこのような経験があるのではないでしょうか。だからまいごになんて好んでなるものではないと思います。できるならば、迷いたくはないし、ひとりぼっちにはなりたくないのが、本音です。

仏教は、今から約2500年前にお釈迦《しゃか》さまによってひらかれました。お釈迦さまは、私たち人間がオギャーと産声をあげて生まれた時から、いのちをお返しする時まで、ずっと迷いっぱなしだとおっしゃっています。なかなかそのことに私たちは気づけませんが、お釈迦さまからは、子どもも大人も、どっちもまいごに見えているのでしょう。

考えてみると、お互いの意見がぶつかってしまい、友だちとケンカしたり、仲良くしたいのに、なかなかできなくて苦しんで、ひとりぼっちでさみしくなったり……。仲直りがすぐにできればいいのですが、ものごとが自分の思うようになっていかないと、つい孤独になっているように感じてしまいます。どうすればいいのか、迷ってしまいます。それは子どもだけがそうなのではなく、大人もそうなのです。

そういう私たちのために、お釈迦さまは阿弥陀仏《あみだぶつ》という仏さまの存在を教えてくださっています。そしてその阿弥陀仏は私たちのために「南《な》無阿弥陀仏《むあみだぶつ》」という言葉を届けてくださっています。「ひとりぼっちになっているあなたのことを本当に心配していますよ」ということを知らせるために。

私に聞こえてくる南無阿弥陀仏という声はある意味、遊園地やショッピングセンターで聞こえてくるまいごを知らせる案内放送のようなものだと思います。

〝迷ってはいませんか?〟

自分の思いに苦しんで、まわりの声を聞かないようにしていませんか〟

と、仏さまから呼びかけられているのです。

さみしくて、つらい思いをしたくはないですが、実は、そう感じる時が生きていく上で、大切なことに気づかせてくれる〝呼びかけ〟と出遇《であ》うきっかけになるのです。

さみしいなと感じた時、ひとりぼっちだなと感じた時、南無阿弥陀仏と称えて、その声を聞いてみてください。自分のことを心配してくださっている呼びかけに、まいごの私と一緒に歩んでいきましょう。

コラム⑦

報恩講《ほうおんこう》

親鸞聖人《しんらんしょうにん》が亡《な》くなられたのは1262年の11月28日(ご命日《めいにち》)。京都の東本願寺ではこのご命日の日を含め、8日間にわたり「報恩講《ほうおんこう》」という法要《ほうよう》をおつとめします。みんなも、家族や身近な人が亡くなった日におつとめをしたことがあるかもしれません。この報恩講も、みんなが亡くなった大切な人を思い出すように、親鸞聖人を思い浮かべてお念仏《ねんぶつ》の教えを聞く大切な時として、ずっと続いているのです。東本願寺だけではなく、お家のお内仏《ないぶつ》や全国のお寺でも、「報恩講」は大切な法要《ほうよう》としてつとめられています。

ナマステ
―合掌のこころ―

星野《ほしの》 暁《さとし》

（茨城県　浄安寺）

さあ、これからみなさんと飛行機に乗って海外旅行をしたいと思います。行き先は、世界一高い山、エベレストがそびえ、お釈迦《しゃか》さまが生まれた国、ネパールです。

ネパール行きの飛行機に乗り込むと、機内にはカレーのにおいが充満しています。その中でサリーという民族衣装を着た客室乗務員が合掌《がっしょう》をして「ナマステー」と出迎えてくれています。ネパールなどの国では仏さまへのあいさつだけでなく、誰に対しても合掌して「ナマステー」とあいさつします。

さて、飛行機に乗って約15時間。窓の外にはヒマラヤ山脈が見えてきました。もうすぐ到着です。飛行機は無事、滑走路に着陸しました。やっとネパールです。お腹が空いたので、さっそく空港を出て、ネパール料理のレストランへ行ってみましょう。

ネパールでは毎食のようにご飯とカレーを食べます。食事をしている人を見ると、スプーンやお箸は使っていません。どうやって食べているのか見ると、右手だけでご飯とカレー、それから豆のスープを混ぜ、おいしそうに食べています。人びとの右手をよく見ると、カレーの色に染まっています。カレーの香りもしみこんでいるようです。

おいしいカレーでお腹がいっぱいになりました。するとお腹がムズムズ。そう、トイレに行きたくなりました。お店の人にトイレの場所を聞き、行ってみます。便器は和式に似ています。しかし大変です。日本のトイレには必ずあるはずのトイレットペーパーがありません。いそいでお店の人にいうと、ネパール流のトイレの使い方を教えてくれました。

便器の左側にはバケツと空き缶があり、蛇口《じゃぐち》からは水がポタポタとバケツに落ちていて、きれいな水がたまっています。その水を左手で空き缶にくみ、おしりの後から流し、左手でおしりを洗います。残った水で左手を洗って、その水をトイレに流し、終了。ですから左手の色や香りは……、云々しない方がいいですね。

このように、ネパールの人びとは、食事の時に左手は絶対に使いません。そして、食事やトイレに限らず、右の手はよい手、左は悪い手と考え、日常生活の色々な場面で左右の手を使い分けているそうです。

このことを聞いて、飛行機の客室乗務員が合掌しながら「ナマステー」と、あいさつをしてくれた姿を思い出しました。みなさんも合掌してみてください。合掌とは左右の手をひとつに重ね合わせます。つまり、きれいな手と汚い手を、ひとつに重ね合わせているのが合掌です。ちょっと考えてみてください。あれほどキッチリ使い分けている左右の手を、なぜ、合掌はひとつにくっつけてしまうのでしょうか？

そこで思いました。合掌とは、シワとシワを合わせて……、なんてことでなく、自分が思い込んでいる、きれい・汚い、良い・悪い、好き・嫌いなどと二つに分けているものを、ひとつに重ね合わせている姿。つまり、あいさつの合掌は、「私はあなたを、好き・嫌い、良い・悪いなどと、わけへだてて見ていませんよ」と表現している姿のようです。また、あいさつの言葉の「ナマステー」の「ナマス」とは南無阿弥陀仏《なむあみだぶつ》の南無のことで、敬《うやま》いのこころを意味し、また、「テ」は「あなた」を意味する言葉なのだそうです。

このように、作り物でなく、本当に相手を敬うこころ、大切に思うこころは、きれい・汚い、良い・悪い、好き・嫌いと二つに分けている〝こころ〟からは生まれないことが、ネパールのあいさつから見えてきませんか？

良い・悪い、好き・嫌いと、いつでも二つに分けて見たり考えている私たち。その比べてしまう〝こころ〟と〝まなこ〟が、本来の「尊さ」や「大切さ」を見えなくさせているのです。

さあ、みなさん。阿弥陀さまに手を合わせ、いっしょにお念仏を称《とな》えましょう。

いつもわたしのそばに

金《きん》 暁子《さとこ》

（岩手県　長安寺）

みなさんは毎週日曜の朝は何をしていますか？　私は娘たちと一緒にテレビでプリキュアを見ています。プリキュアとは、中学生の女の子たちがプリキュアという戦士に変身して地球征服《せいふく》をもくろむ悪の組織と戦いながら、成長していく姿を描いたアニメシリーズです。毎年新しいテーマで放送されていますが、そのシリーズは私が想像していたものと少し違いました。正義を振りかざし、戦って敵を排除《はいじょ》するのではなく、相手に耳を傾け、寄り添おうとする姿が描かれていたことに驚きました。1年の放送の中で、敵味方関係なく色々な人がそれぞれに苦しみ、挫折し、そこから立ち上がっていく物語がたくさんありましたが、苦しみの中にいる人が再出発する時はいつも誰か周りの人が「あなたが好き」と、側にいるということが感動的でした。

新美南吉《にいみなんきち》さんの『でんでんむしのかなしみ』という童話があります。

上皇后の美智子さまが子どもの頃に出会われ、ずっと大切にされている本として紹介されています。ある時、でんでんむしは自分の背中の殻《から》につまった悲しみの大きさに気がつき、「もう生きていけない」と嘆《なげ》きます。お友だちのでんでんむしにその話をすると、「自分もそうだ」と言います。他のお友だちもそうでした。そして、でんでんむしは悲しみを背負っているのは自分だけでなかったと気がつき、自分も自分の悲しみを引き受けて生きていこうとするという内容です。

どんなに幸せそうに見える人にも悲しみ・苦しみはあります。たとえ同じ経験をしても、感じ方はいろいろで、悲しいと思う人もいれば、気にならない人もいるでしょう。私たちの悲しみ・苦しみは縁《えん》によって大きくなったり小さくなったりします。たとえ順調に生きているようでも、なんとなく不安になることや、説明できない空《むな》しさを感じることはないでしょうか。

ほとけさまは「私の名前をよんでください」と私たちにいつでも呼びかけてくれています。私たちが「なんまんだぶつ」と念仏《ねんぶつ》したら、そばで寄り添ってくれる親友になれるのです。親鸞聖人《しんらんしょうにん》が書かれたご和讃《わさん》にこのようなものがあります。

他力《たりき》の信心うるひとを
うやまいおおきによろこべば
すなわちわが親友《しんぬ》ぞと
教主世尊《せそん》はほめたもう

（正像末和讃《しょうぞうまつわさん》）

「お念仏《ねんぶつ》で私の名前を呼んでくれたら、もう親友だよ」とおっしゃっています。親友だから私たちが悲しい時はほとけさまも一緒に悲しんで、うれしい時は一緒に喜んでくれているのです。どんな時も、「なんまんだぶつ」と呼んだら、そこにお浄土《じょうど》の世界が広がっているのです。その世界にふれたら、私は「もう一人ぼっちじゃない」と、そのままの私を引き受けていけそうな気がします。私が幼かった頃、私の祖母はいつでもどこでも「なまんだぶ　なまんだぶ」とよく称《とな》えていました。布団やお風呂、トイレの中からでも祖母のお念仏の声がしていたものです。いつでも、どこでも、一人でも、誰とでも、ほとけさまを思って「なんまんだぶつ」と称えたらお念仏になります。

今日は最後に、みんなで一緒に声に出してお念仏しましょう。

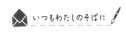

コラム⑧

おつとめの作法《さほう》

● 合掌《がっしょう》

ご本尊《ほんぞん》の前に座って、お念珠に両手をとおし、みぞおちのあたりで手を合わせましょう。手をふくらませたり、こすり合わせたりはしません。

● お念珠《ねんじゅ》

一輪

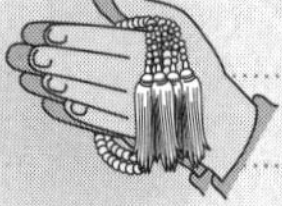

二輪

お念珠には、2つの種類があります。絵のように、一輪《ひとわ》のものは房《ふさ》を下に、二《ふた》輪《わ》のものは房を左側に垂らしてもちます。お念珠は大切なものですから、畳や床の上にそのまま置かないようにしましょう。

いまここに在ることの大切さ
―パンタカのおはなし―

江《え》馬《ま》 雅臣《まさおみ》

(岐阜県　賢誓寺)

私たちが生きる現代は、競争ばかりです。悲しいことに、いつも自分や他人を「出来るか」、「出来ないか」で見てしまいます。

お寺の長男として生まれた私は、幼い頃から「お寺の子だからいい子でいなさいね」とか、近所のおじさん、おばさんからは「お寺の子だから勉強も出来るわよね」なんて言われて、いつも「出来る」「出来ない」という眼で見られているのではないかと気にしすぎていました。

勉強も運動もズバ抜けていいわけでもない私は、本当は自信もなくて、いつもオロオロと人の目を気にしながら「皆から期待されているのだから」と無理をしながら「いい子」を演じていました。だから、幼い頃から「悩んでなんかいられない」という思いがいつもあって、「出来る」ように頑張るしかないのだと自分に言い聞かせながら生きてきました。

また、他の友だちと比べては「僕は○○ちゃんよりはがんばっている」とか「○○ちゃんは運動が苦手でいつもビリだから僕のほうが上だな」と、他の友だちの苦手なところを見つけては自分に安心を覚えていました。

そして、高校を卒業し、たまたま仏教を学ぶ学校に進学し、阿弥陀《あみだ》さまの教えや、お釈迦《しゃか》さまのお話を聞く出会いに恵まれました。

二人のパンタカ

今から約2500年前のお話です。

インドのラージャガハの街にマハー・パンタカと、チュッラ・パンタカという兄弟がいました。おじいさんの勧《すす》めで、幼い頃から賢かった兄マハーはお釈迦さまのお話を聞きに行き、すぐにお釈迦さまのお弟子になりました。その後、兄は弟にもお釈迦さまにぜひ会わせようと家へ帰りお釈迦さまの元に連れて行き仲間と共に暮らしていました。でも弟は、賢い兄マハーとは違い暗記することが苦手で、お釈迦さまの教えの言葉を覚えることができません。兄は周りのお弟子の仲間から弟の存在を笑われているのではないかと悩んでいました。

ある日のことです。街のお医者さんがお釈迦さまと弟子たちを食事会に誘いました。兄は弟子の人数を知らせるのが役目でした。しかし、兄は弟を人数に入れないで報告し、なんと弟にはこっそり家に帰るように言いつけました。弟は悲しんで泣いてしまいました。弟は物覚えが悪いが、お釈迦さまを敬う心が強く家に帰るのが辛かったのです。

弟チュッラが泣きながら歩いていると、お釈迦さまが呼び止めて泣いている訳を聞きました。涙を拭きながら兄から家に帰るようにいいつけられた事情を話すと、お釈迦さまはやさしく語りかけました。「チュッラ・パンタカ、泣くことはない。誰にでも苦手なことはあるのだよ。反対に、誰にでも得意なことはあるものだ。チュッラ・パンタカよ、何が得意かね」とお釈迦さまが尋ねると、弟は「はい、私は掃除《そうじ》が好きです」と涙をふきながら答えました。

お釈迦さまはかたわらの真っ白い布を渡し「これで壁《かべ》を磨《みが》いておくれ。磨きながら「塵《ちり》を掃《はら》い、塵を掃い」と繰り返してごらん」と語りかけました。

次の日、医者の招待の食事会でお釈迦さまが「弟子が一人足りないようだが」と話すと、兄が「はい。弟はとても物覚えが悪いので家に帰しました」と答えました。それを聞いたお釈迦さまは「私の弟子の中で欠点が無いものがいるだろうか？　欠点の無いものに、ほとけの教えが必要だろうか？　早くチュッラを迎えに行きなさい」と話されました。

兄はたちまち自分の過ちに気づいて弟を迎えに行きました。すると家の中から朗々と弟の声が聞こえてきます。「塵を掃い、塵を掃い」と言いながら、輝くばかりの顔でひたすら壁を磨いていました。その姿を見た兄は弟の掃除をする姿に手を合わせたのです。

阿弥陀仏《あみだぶつ》の願い

このパンタカ二人のお話は、お釈迦さまが二人の兄弟に対して、どんなことでも、「出来ることがいい事」で、「出来ないことが悪い事だ」という考えは人と人との間を引き裂いてしまうこと、そして「本当に人として生きる意味」を見つけてほしいということを伝えていると思います。

お釈迦さまは、出来ることも、出来ないこともあるけれど、その一つひとつを自分自身の事実としてうなずいていってほしい、また、同じ悩みを持つ存在として出会う一人ひとりを尊重し、共に生きていってほしいという阿弥陀仏の願いを教えてくださいます。

阿弥陀仏は、「出来る」、「出来ない」でいつも見ている私のあり方を悲しみ、私が「今ここにある」ということを大切にしなさいと教えてくださいます。さらに、うれしい時も、悲しい時も、辛い時も、一人ぼっちになったとしてもあなたを照らし、いつも見守っていますよと呼びかけてくださいます。

阿弥陀仏とは「いのちのあたたかさ」であり、そのことに深くうなずくことが「南無」ということです。「いのちのあたたかさにうなずきます」ということが「南無阿弥陀仏」であり、お念仏なのです。

私は、このパンタカのお話を聞いて、互いを尊重《そんちょう》し合うこと、もうすでに、ありのままの私を受け入れてくれる家族や友人などの存在を忘れていました。また、多くの人にお世話になり、「あたたかないのち」に育てられていることも忘れてしまっていました。

南無阿弥陀仏と念仏しながら、共に生きている今にうなずいていきたいと思います。

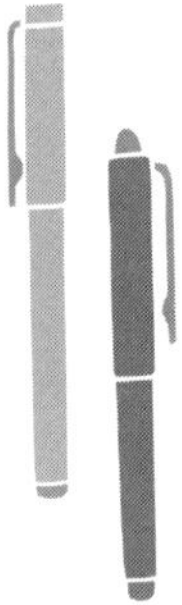

人間は偉《えら》いものではない、尊《とうと》いものです

桂川《かつらがわ》 正見《まさみ》

（秋田県　桂徳寺）

みんなでお寺の境内《けいだい》で遊んでいた時のことでした。当時小学四年生のあみちゃんがお寺の掲示板《けいじばん》を見てこんなことを聞いてきました。「じゃあ、校長先生は偉《えら》くないの?! 内閣総理大臣《ないかくそうりだいじん》は偉くないの?!」って。掲示板には『人間は偉いものではない、尊いものです』という法語を貼っていました。それを見たあみちゃんの質問だったのですが、僕は「うーん……」と返答に困ってしまったことを覚えています。校長先生とか内閣総理大臣はみんなから選ばれて一応は一番上という立場を与えられた人だと思うから、あみちゃんはきっと学校や国それぞれにおいて、さまざまな立場にある人と人を比べた上で「じゃあ、偉くないの?」って質問したのかなと思っています。

僕は小学生や中学生の頃、よく学校やお家で「人の役に立つ人になりなさい」と言われていました。そう言われるのが嫌でよく反発も繰り返していたけれども、心の中では「人の役に立つことは周りの人からほめてもらうことで偉いことなんだ」と思っていました。人の役に立つということについては、よくよく考えてみないといけないとは思うんだけど、ここで考えたいのが「人の役に立つことは偉い」という考えが同時にどういう考えを生み出してくるかということです。

僕自身のことをふり返ってみれば、人の役に立つことは偉いという考えの裏側に、人の役に立たない人は偉くない人、ダメな人だという考えを同時に持っていたように思います。そして、僕がとてもやっかいだなと思うのが人の役に立つこと、立ちたいと考えることが世の中では悪いことではないとされているところです。むしろ人の役に立つということは善い心がけでよい考えだと世の中で思われているから、周りの人を役に立つ人、立たない人と分別《ぶんべつ》している自分の傲慢《ごうまん》さには、私たちはなかなか気づけないのではないかと思っています。

掲示板の言葉に戻ります。この法語《ほうご》には、役に立つから偉いとか役に立たないから偉くないという人間関係とは違う、あらたな人間関係が開かれることが願われていると思います。それは「お互い尊敬し合う関係」と言ってもいいのでしょう。でも、比べるということから自由になれない僕には、自分のことや相手のことを無条件で尊敬《そんけい》することはとても難しく、好き嫌いから自分が嫌いな人を尊敬するということはなかなかできません。

ここで少し仏さまの教えに耳をかたむけてみます。阿弥陀《あみだ》さまという仏さまは、「南無阿弥陀仏《なむあみだぶつ》」の声が、いつのときも、どんなところにも、どんな人にも聞こえることを誓《ちか》っている仏さまです。そして、「南無阿弥陀仏」と阿弥陀さまのお名前を聞く人は、色んな仏さまから友だちと呼ばれる存在だと教えられています。自分のふだんの生活態度がよいから、心がけがよいから仏さまと友だちになるのではなく、「南無阿弥陀仏」とお名前を聞く人を色んな仏さまが友だちと呼んで大切におもい、敬《うやま》ってくれるということです。

そのことから、今ここにいる僕たちの関係に二つあることが分かります。一つは僕とあなたとで直接結ばれている関係。これは好きや嫌い、どちらかの都合で結ばれたりも切れたりもする関係です。もう一つは、仏さまの友だち同士という関係です。こちらは僕とあなた、それぞれが仏さまの方から友だちと呼ばれている関係だから、僕の都合やあなたの都合でお互いの関係を勝手に切ることはできません。相手を尊敬する、大事に思うということもこの仏さまを通した関係から考えてみてはどうでしょうか。

コラム⑨

東本願寺《ひがしほんがんじ》

東本願寺は、真宗大谷派《しんしゅうおおたには》の本山《ほんざん》で、正式には「真宗《しんしゅう》本廟《ほんびょう》」といいます。

境内には大きなお堂が２つあります。

右側の大きなお堂（御影堂《ごえいどう》）には親鸞聖人《しんらんしょうにん》が、左側のお堂（阿弥陀堂《あみだどう》）には阿弥陀《あみだ》様がおられます。そして、御影堂門の上にはお釈迦《しゃか》さまの像があります。

東本願寺（真宗本廟）は、親鸞聖人が亡くなられたあと、親鸞聖人の教えを聞くために、多くの人々によって建てられました。

そして、今までに４度も火災にあいましたが、そのたびにたくさんの人々のあつい思いによって建て直されました。

私のすがた

櫻《さくら》木《ぎ》 証《さとる》

（大分県　西岸寺）

私とあなた、自分と自分以外の人。人はそれぞれ「自」と「他」を区別して生きています。では「私」のこと、「私の本当のすがた」に、私自身は気づくことができているのでしょうか。

今から約2500年前、お釈迦《しゃか》さまのお弟子に目連《もくれん》という方がいました。彼にはどんなことでも可能にする不思議な力「神通力《じんづうりき》」が備わっていましたが、その力を使っても、餓鬼道《がきどう》という地獄で苦しんでいたお母さんを助け出すことができずにいました。目連さんは、悲しみ泣きながらお釈迦さまのもとへ行き「なぜ私のお母さんは餓鬼道にいるのですか、どうしたら助けられますか」と尋ねました。するとお釈迦さまは「あなたのお母さんは優しい人です。ただ、あなたにだけ優しかった。その罪の報いで餓鬼道に落ちてしまったのです。助け出したいならば、お盆の時季にたくさんの人を呼んで、おいしい食事とおいしい飲み物を出すのです」と教えてくださいました。

そこで目連さんはお釈迦さまの教えのとおり、自分の家にたくさんの人を招待し、ごちそうを振る舞いました。しかし、人々は「なぜごちそうが出てくるのだろう。お釈迦さまは贅沢をしてはいけないと常々言われている。目連さんもそのことはお分かりになっているはずなのに」と不思議がるばかりで食べようとしません。

見かねた目連さんはこれまでのことを話し始めました。亡くなったお母さんが餓鬼道に落ち、助けようとしたけれど助けられなかったこと。なぜお母さんは餓鬼道に落ちねばならなかったのか、どうすれば助けられるのかをお釈迦さまに尋ねたこと。お釈迦さまからは、お母さんは息子には優しかったけれど他の人には冷たく、その報いによって餓鬼道に落ちているから、助けたいのならばたくさんの人々にごちそうを振る舞うようにと教えていただいたこと。それでこうして皆さんにごちそうを出したのだと……。

その時、彼はハッとしました。目連さんは、お釈迦さまが教えてくださったことの本当の意味にようやく気がついたのです。「今、私のお母さんは私だけを可愛がった報いを受けて餓鬼道に落ちたと言いましたが、私も同じことをしていました。餓鬼道にはたくさんの人が苦しんでいるのに、私はその苦しんでいる人たちには何もしませんでした。いや、むしろ見向きもせず、自分の母親だけを助けようとし、母親だけに食べ物を持って行ったのです。母は亡くなり、今、餓鬼道にいますが、生きている私も餓鬼道にいる母と同じでした。」

それを聞いた一人が「目連さん、私も自分のことを振りかえれば目連さんのお母さん、そしてあなたと同じ過《あやま》ちをしていました。しかし、そのことに気づかずに今まで何事もなかったように暮らしてきました。あなたのお話を聞かなければ気づかないままでした」と礼を述べたのでした。

見えていなかった自分に気づいていくということは、簡単なことではないでしょう。しかし仏さまは、気づかないままでいる私たちに常に「気づいてほしい、目を覚ましてほしい」と呼びかけられています。その呼びかけが「南無阿弥陀仏《なむあみだぶつ》」というお念仏《ねんぶつ》です。

コラム⑩

御影堂《ごえいどう》

御影堂は、木材で建てられているものの中で、世界一大きいといわれている建物です。

中央には、親鸞聖人《しんらんしょうにん》の像があります（御真影《ごしんねい》といいます）。

親鸞聖人は、今でも私たちにお念仏の教えを説いてくださっています。

毎日、多くの人々が御影堂につどい、親鸞聖人の教えを聞き、お念仏を称えています。

御影堂はお念仏の教えを聞く道場なのです。

生きることの始まり

大橋《おおはし》 宏雄《こうゆう》

（三重県　浄願寺）

死ぬことはこわいですか？　私はこわいです。でも少し不思議だと思いませんか？　生まれた時から死ぬことは決まっているのに、どうして「こわい」と感じるのでしょうか。決まっていることなのだから「こわい」と感じなければどんなにいいだろうと思いますが、やはり「こわい」と感じます。一体なぜ、なにが「こわい」のでしょうか。

先日、病気でもう長くは生きられないかもしれないという人に会いました。その人は「毎日何をしていいのかわからない」と言っていました。「いつか死ぬ」と思っていた時は「あれをしよう、これをしよう」と色々考えていたのに、「もうすぐ死ぬかもしれない」とわかったら、何をしていいのかわからなくなってしまった。でもそれはその人だけの話ではないのです。私も同じです。私は「もうすぐ死ぬかもしれない」とはあまり思っていないけれど、「どうしても今日しなければいけないこと」をして毎日生きているわけではないような気がします。それでは「今日しなければいけないこと」って何でしょう？　たとえば宿題でしょうか。でも宿題は「明日までにしなければいけないこと」ですね。それは似ているようで、まったく違うことなのです。

私たちは「明日」のために生きているということがあるかもしれませんね。勉強をしたり、運動をしたり、明日少しでも良い自分になるために、明日少しでも楽しく過ごすために、ひょっとしたら明日怒られないように、今日何をするかを選んでいるかもしれません。それはとても大切なことではあるのです。でも明日が来ないかもしれない人がいるのです。もし私に明日が来ないとしたら「明日のために」今日していることに、一体どんな意味があるのでしょう。

私の友人で「もう生きていたくない」と言った人がいました。心がつらくて、どうしようもなくて、もう耐《た》えられないと感じているのに、身体は生きよう生きようとする。今日で終わってしまいたいと思っていても、明日がやってくる。それがとてもつらい。楽になりたい、もう生きることをやめてしまいたいと思う。なんとかそう思わずに済む、明日も生きていたいと思える今日を生きたいとも思うのですが、どうしていいのかわからない。何をすればそうなるのかがわからない。やっぱり「何をしていいのかわからない」のです。

でも、もうすぐ死ぬかもしれないと死を前にした人も、もう生きていたくないと死を思う人も、そして私も「何をしていいのかわからない」今を生きています。今、生きているのです。生きている今、「わからない」とうずくまるのではなくて、「わからないから教えてください」と人にたずねていった人たちがいます。そうやってたずねていった人たちが聞いた言葉を残してくださっています。それが「ほとけさまのおはなし」です。

今、生きて悩んでいる。悩んで生きていくことは苦しいけれど、そうやって生きていった人の言葉が、人を生かすということがあるのです。それは今生きている人の言葉だけではありません。生まれて生きて死んでいった人たちの言葉が、今生きている私に、今日一日を生きる力を与えてくれるということがあるのです。でもそれは「今日一日」です。明日になったら忘れてしまいます。だから毎日毎日、その言葉にふれるのです。その営《いとな》みの中でずっと響いているのが「南無阿弥陀仏《なむあみだぶつ》」です。誰かの声で、自分の声で、またその字を見て、またそのすがたに「南無阿弥陀仏」を聞いてきた人たちが、悩んで苦しんで生きたことを通した言葉となって、長い長い時を経て、今を生きる私に「生きること」を教えてくださっています。

死ぬことがこわいと感じることは、生きることの始まりといえるかもしれませんね。それは長い長いいのちを生きることの始まりです。それは「南無阿弥陀仏」の響きの中で、生まれて生きて、「わからないから教えてください」とたずね続けて、そして死んでいった人たちに、「生きること」をたずねていくことの始まりです。死ぬことは決まっているのに、なぜ、なにがこわいのか。わからないからたずねていくのです。それはずっとわからないままかもしれませんし、いつかわかるかもしれません。それは誰にもわからないのです。わからないからたずねていくのです。でもそうやって今日一日を生きることはけっしてこわくはないと思うのです。そう思いませんか?

あるのにない？
ないのにある？

平野《ひらの》 喜之《よしゆき》

（石川県　浄専寺）

『正信偈《しょうしんげ》』という親鸞聖人《しんらんしょうにん》がつくられた歌の中に、「悉能摧破有無見《しつのうざいはうむけん》（ことごとく、よく有無の見を摧破せん）」という言葉があります。今日は、この言葉が私たちに何を呼びかけているかを一緒に考えてみたいと思います。

そのために、みなさんにクイズを出すことにします。では第1問。「いつも身近に有って私たちをたすけてくれているのに、目に見えないから無いと思い込んでいるもの、な～んだ」。続いて、第2問。「いかにも有るように思えるから有るような気がするけど、よく考えてみると無いもの、な～んだ」。

どうですか？　こういう問題に間違いや正解はないので、なんでも自由に答えてくださいね。これから私なりの答えを言いますから、みなさんの参考にしてくださいね。

まず第1問についてです。ある小学校の先生が、生徒にこんな質問をされたそうです。「先生、のどちんこは何のためにあるの？」。その先生はすぐには答えられなかったそうです。皆さんはどう思いますか。のどちんこは、「のどびこ」とか「うわじた」とも呼ばれていますが、「口蓋《こうがい》垂《すい》」が正式な名前です。あわてて水を飲んだりご飯を食べたりすると、水が鼻に入ったりご飯粒が気管支のほうへ入ってせき込むことがありますね。のどちんこは、そうならないようにふたをしてくれる役割を果たしているのです。目には見えないけれど、大事な役割を果たしてくれているのですね。

自分の身体ではないものでは、何か思いつきますか？　空気がそうじゃありませんか。「空気」という言葉を考えた人が誰かは知りませんけれど、私はその人はたいしたものだと思いますね。だって、目に見えないはたらきに気づいて、しかもそのはたらきに名前を付けたのですから。名づけたことによって、他の人も気づくようになったのですからね。空気以外はどうですか。光もそうではありませんか。みなさんがものを見ることができるのは、じつは光のはたらきがあるからですよ。えっ？　眼があれば見えるって？　では、真っ暗な押入れの中に入って本を読もうとしてください。光のありがたさがわかります。それに、光があるから眼があるのですよ。光のない世界には、眼は必要ありません。その証拠に、光の届かない世界に住んでいる深海魚の中には眼がないものもいますからね。第1問の答えはまだまだあるでしょう。

では次に、第2問について考えてみましょう。私たちは、どれだけ人の役に立っているか、どれだけ地位が高いかで、いのちをランクづけしていないでしょうか？　そもそもいのちにランクなんて無いのに、「有る」と決めつけていないでしょうか？　ふだんはなかなか、自分たちがいのちにランクづけをして差別していることに気づかないかもしれませんが、戦争のときには、はっきりとそういう考え方が表に出てきます。戦争になると、作戦を立てる人たちや作戦を実行せよと命令をする人たちのいのちは大事にされても、作戦を実行する兵隊さんたちのいのちが軽く考えられてしまいがちです。また作戦の役に立つかどうかで、兵隊さんが差別されもします。

私たちは、本当は有るのにもかかわらず気づかないで無いと思い込んでいたり、よく考えてみれば無いのに有ると決めつけていたりします。この「悉能摧破有無見（ことごとく、よく有無の見を摧破せん）」という言葉は、仏さまの教えを聞くことによって、そういう思い込みや決めつけをことごとく破ってほしいと、私たちに呼びかけているのです。

コラム⑪

阿弥陀堂《あみだどう》

阿弥陀堂には、中央に阿弥陀さま（御本尊《ごほんぞん》）が立っておられます。その脇には、仏教を大切にされた聖徳太子《しょうとくたいし》、そして阿弥陀さまの願いを「南無阿弥陀仏《なむあみだぶつ》」という言葉であらわし、お釈迦《しゃか》さまの教えをインドから中国、そして日本にまで伝えてくださった七高僧《しちこうそう》（88ページ）の姿をお掛けしています。

僕の頭は二つある

—共《ぐ》命《みょう》鳥《ちょう》のお話—

金石《かねいし》 潤導《じゅんどう》

（北海道　開正寺）

平太は小学6年生。ちょっと変わった子です。人と違《ちが》うことをするのが普通で、名前とは裏腹にヘソがだいぶん曲がっています。お母さんが何か言うと、決まってその反対のことをします。「早く起きなさい」と言われれば寝坊をし、「早くご飯を食べなさい」と言われれば「おなかが痛い」と言い返し、「早く勉強しなさい」と言われればゲームを始めます。運動会の時なんかは、お父さんやお母さん、おじいちゃんやおばあちゃんが応援すればするほど、そのことに応えようとしませんでした。足は決して遅くないはずなのに、「ガンバレ〜」と声をかけると、いつもどん尻でゴールしました。先生の言うことも聞きません。先生が「みんなと力をあわせて……」と言うと、その場から離れていきます。

困り果てた平太のお父さんとお母さんは、「このままでは平太がどんな大人になってしまうか心配です。なにかいい方法はありませんか?」

と、お寺の住職さんに相談をしました。

そこで住職さんは、たいへん興味をもたれて「一度、平太をお寺に連れておいでなさい。私が平太と話をしてみます。そして平太が何を思っているのか聞いてみましょう」と言って、住職さんと平太は会うことになりました。

住職さんは平太に、共命鳥《ぐみょうちょう》という仏さまの国に住む鳥の話を始めました。「平太よ、そのむかし共命鳥と呼ばれる、体がひとつで頭がふたつという鳥がおってな。頭がふたつということは、思いがふたつあるということだ。そして、いつも別々なことを考えているのだ。こっちの頭が水を飲みに行こうと思うと、あっちの頭がエサを捕まえようとする。こっちの頭が木の枝に止まろうとすると、あっちの頭が空を飛びたがる。いつもやりたいことが違うものだから、お互いをもてあますわけ

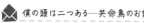

だ。それで、もしあっちの頭がいなかったら、こっちは自分の思い通りの生き方ができるはずだ。そうなったらどんなに楽しいだろうと思って、とうとうあっちの頭をつつき殺してしまったのだ。しかし、これで自由だと思ったのも束の間、体はひとつだから、やがてはこっちの頭も死んでしまう。ところが共命鳥は、死んでしまう前に大切なことに気がついたというのだ。それは、それぞれ考えていることは違うけれど、お互いが同じ大きな〝いのち〟に生かされていたことがよくわかったというのだ。だから共命鳥は今も仏さまの国から私たちに、仏さまの教えを聞くのですよ。と、美しい声で毎日鳴いているというのだよ。平太よ、どう思う?」

平太はしばらくして「違うよ。共命鳥は苦しかったんだと思う。僕の頭もふたつあるからわかるんだ。親の言うことをよく聞くいい子、期待に応える優等生。そうなればみんな喜んでくれることは知っている。だけど、それが本当の僕なのかわからないんだ。早くしないといけないと考える自分がいるかと思えば、何かのいいなりになれないもう一人の自分がいるんだよ。僕と僕とがいつもぶつかり合うんだ。でも体はひとつなんだよね。共命鳥は自分が死んでしまうことを知っていたはずだよ」と、肩を震《ふる》わせながら言いました。

住職さんは「辛かったんだな」と平太の震える肩を抱きました。その時、平太は「あっ、共命鳥は仏さまの国から僕を心配してくれていたんだね」と、つぶやいて微笑《ほほえ》んだのでした。

次の日、住職さんは平太のお父さんとお母さんに、その日の出来事を聞かせました。すると、お父さんもお母さんも口をそろえて「私たちも平太のためと言いながら、自分の思いを平太に押しつけていたのですね」と反省しながらも晴れ晴れと言ったのでありました。
平太は、今もあいかわらずのヘソ曲がりです……。

報《ほう》恩《おん》講《こう》

松《しょう》扉《ひ》 覚《さとる》

（石川県　本泉寺）

親鸞《しんらん》さまのご命日にちなんでお参りする「報恩講《ほうおんこう》」は、最も大切な仏事だと思っていましたが、私の祖父は「仏さまの教えに出遇《であ》った人は、毎日の生活が報恩講なのです」と先生から教えられたそうです。報恩講の〝恩〟という字は『ツルの恩返し』と同じ字を書きますが、毎日が恩返しならば大変です。はたして報恩講とは、何かの恩返しをすることなのでしょうか。

学生時代に「育ててもらった恩を、家族に返したことはありますか」と質問されたことがあります。しかし、クラス全体で数人しか手をあげられませんでした。その時「手をあげた人は、恩の深さを本当にわかっていますか。一生かかっても返しきれるものではありませんよ」と先生は言いました。手をあげた人が間違っているということではなく、返したつもりでも、いただいた恩は決して返しきれない深いものだと、先生は教えてくれたのです。その大切さに本当の意味で気づいた時、初めて「返しきれない」という気持ちがおこってくるのだと気づかされました。

子どもの頃「南無阿弥陀仏《なむあみだぶつ》、南無阿弥陀仏」とお参りしているおばあさんに「手を合わせて何をお願いしているの」とたずねると、「うらはお礼をとげにきただけや」とこたえてくれました。これは私の地元の方言で「私はありがとうと伝えに来ただけですよ」という意味です。そこに〝○○してくれたからありがとう〟とは違う、もっと深いありがとうを感じました。ご恩を返しきれない申し訳ないという気持ちと、そのような自分にも仏さまの教えが届いたという感動が、おばあさんの「南無阿弥陀仏」という声になって現れたのだと思います。報恩とは恩を返すことではなく、このように感動して心からありがとうという気持ちが湧《わ》き上がってくることです。そして、その気持ちを忘れないように大切にすることが報恩講なのです。

このおばあさんとは、幼い頃から色々なお話をしました。その中でも「あんちゃん、お金も知恵もあり過ぎるとおとろしいぞ」という言葉が、深く心に残っています。〝おとろしい〟は〝恐ろしい〟という意味の方言で、「お金や知恵に頼りすぎると、人は大切なものを見失ってしまう」ということです。楽しく生きる道や賢く生きる道ではなく、人が人としていきいきと生きる道におばあさんは出あっておられました。

みなさんは、いきいきと生きていますか。その難しさを「素の自分が出せない」という言葉で表現してくれた、中学生のお友達がいます。私たちは自分の思い通りにならないこの世界で、ありのままに生きることができるのでしょうか。一生懸命がんばって生きることで、世界がひらけたり深まったりします。けれど、その裏側には前しか見えなくなったり、周りの思いに気づけなくなるという一面もあります。自分の力を尽くして全力投球しても、いきいきと生きることはとても難しいのです。

しかし、あきらめることはありません。そのような私たちのために仏さまがいらっしゃるのだと、親鸞さまは教えてくださいました。親鸞さまがお書きになった『正信偈《しょうしんげ》』という詩の中に「煩悩障眼雖不見《ぼんのうしょうげんすいふけん》　大悲《だい ひ》無倦常照我《むけんじょうしょうが》（煩悩、眼《まなこ》を障《さ》えて見たてまつらずといえども、大悲倦《ものう》きことなく、常に我《われ》を照したまう）」という言葉があります。「人は色々な思いが邪魔《じゃま》をして光を見ることができないけれど、それでも仏さまは私を照らしてくださいます」という意味です。同じいのちを生きているはずなのに、自分の気持ちによって楽しいだけでなく辛くなってしまう時もあります。だからこそ、どんな時でも光を感じられるように、いのちを喜べるように仏さまの教えがあるのだと、親鸞さまはあきらかにしてくださいました。

報恩講にはみんなで集まって『正信偈』のお勤めをし、仏さまの教えを聞きます。そして、生きていく中で本当に大切なことを見失わないように、その教えに自分の生き方を確かめるのです。

お誕生ありがとう

寺本《てらもと》 温《あつし》

（長崎県　真蓮寺）

4月8日はお釈迦《しゃか》さまのお誕生をお祝いする『花まつり』という行事が行われます。みなさんはお誕生をお祝いする時、何と言いますか？多くは、「お誕生日おめでとう」だと思います。でも、お誕生にはさらに2つのことから「ありがとう」と言うことの大切さがあります。

一つ目は、お釈迦さまがこの世にお生まれになってお悟《さと》りを開かれ、教えを説いてくださったということです。その教えはまず、生まれてきた意味を「天上天下《てんじょうてんげ》　唯我独尊《ゆいがどくそん》」（どこにあっても、誰と比べることなく、どんな自分も尊い人生といただくことが大切）と説かれています。お釈迦さまは約2500年前に釈迦族の皇太子《こうたいし》としてお生まれになられました。皇太子とはいろんなことが自分の思いどおりになりやすい地位だということです。しかし、そこには本当の幸せはないとその地位を捨てられ、お悟りを開かれたのです。それは、自分の都合のいいことばかり考え、思いどおりになることが幸せだと願う時、都合よくならない自分や思いどおりにならない今がいただけなくなってしまうということでしょう。つまり自分を苦しめたり、つまらなく思ってしまうのも自分だということです。言い方を変えれば、都合のいい自分も、都合の悪い自分も人生にとっては大切な、尊《とうと》いかけがえのない今をいただいているということです。そこに気づかされると、どんな人生も丸ごと大切で尊い人生だといただけます。また、私たちはついつい他の人と比べて幸せを感じたり、不幸を感じたりしてしまいます。お釈迦さまは「誰と比べる必要もなく、あなたそのものが大切で尊いのです」と教えてくださいます。お釈迦さまが生まれてこられなかったら、自分が自分に生まれてきたことを本当に喜べなかったかもしれません。ですから、「お釈迦さまようこそ生まれてくださいました。ありがとう」と言うのです。

二つ目は、お釈迦さまの教えに出遇《であ》わせていただいて、どんな自分の人生も尊くいただけた時、自分を生んでくださったお父さんやお母さんに「生んでくれてありがとう」と心の底から言えるということです。都合のいい自分しか認められない時は、都合がよければ「生まれてよかった」と感謝しますが、都合が悪くなると「親が勝手に産んだ」と恨んでしまいます。みなさんが生まれてきたことを本当に喜べる時、お父さんやお母さんも「生まれてきてくれて本当にありがとう」という喜びのこころが起こってきます。

このことから考えてみると、「おめでとう」は、自分ということを通さなくても相手の気持ちを思って言えますが、「ありがとう」は自分と相手の関係を通してしか出てこないということです。お釈迦さまの教えは、なかなか気づきにくい自分の本当の姿を教えてくださいます。それと同時に、見失いがちな周りの人たちとの大切な関係を見出させてくださいます。私の父が生きている頃よく、「自分以外の人が茶碗《ちゃわん》を割ったら『あっ！　茶碗を割ったね』と言うけれど、自分が割った時は『茶碗が割れた』と茶碗のせいのように言ってしまうね」と言っていました。まさに、自分のことはなかなかわからないでいて、人に対して自分をえこひいきしていることを教えられました。

花まつりや自分の誕生日で「お釈迦さまお誕生おめでとう。そして、ありがとう」、「生んでくれてありがとう」と言葉にしてみませんか？

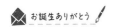

コラム⑫

仏教にまつわる年中行事

修正会《しゅしょうえ》　年の初めに、1年間のゆがみやねじれを正す（本来に戻す）ことを心がけて行う行事です。大切な仏教の教えも、勝手な解釈をしたり、聞きかじったままであったりしがちです。新年には正しい教えを確かめましょう。

お彼岸　正しくは「到彼岸」といい、「波羅密多《はらみつた》（パーラミター）」の意訳です。彼岸（向こう岸＝覚りの世界＝浄土）を目指して進んでいこうということ。太陽が真西（極楽浄土があると考えられた）に沈む3月の春分と9月の秋分を中日とし、前後3日を合わせた7日間に行う行事です。全国のお寺では、彼岸会法要に合わせて「永代経《えいたいきょう》」や「祠堂経《しどうきょう》」の法要を勤められることも多いようです。

お　盆　安居（出家者の研修）の最後の日、旧暦7月15日を盂蘭盆と呼んで、その日に祖先供養の行事を行う風習が日本各地でよく見られます。旧暦7月15日や月遅れの新暦8月15日に行うこともあり、盆踊りや地蔵盆、送り火など、地方ごとにさまざまな風習が行われます。

たいせつな学び

四衢《よつつじ》 亮《あきら》

（岐阜県　不遠寺）

２０１１年に起こった東日本大震災《ひがしにほんだいしんさい》のことを知っていますか。まだ生まれていなかった人や、まだ小さくてよくわからなかった人も多いと思います。とても強い地震《じしん》があり、あっという間に大きな津波が押し寄せ、東北の太平洋沿岸《えんがん》を中心に大災害となりました。１万５０００人以上の方が亡くなり、今も２５００人を超える方が行方不明です。たくさんの家や学校も道路も線路も町全体が壊《こわ》れました。この震災からしばらくたった頃、こんなことを話してくれた人がいました。

地震があった後、コンビニに出かけると、食料と飲み物を求め、みんな持てるだけの品物を抱えてレジに並んでいました。その列の中に小学校に入る年ごろの男の子が、おやつを買うためにお菓子を一つ持って並んでいたのです。そしてその子の番になった時、その子は、レジの横に置かれた震災への支援《しえん》の募金箱《ぼきんばこ》を見ると、少し考えていましたが、それからにぎりしめたおこづかいを募金箱に入れ、持っていたお菓子を棚《たな》に返してコンビニを出て行ったのです。

その時、レジに血走った眼をして並んでいたおとなの誰《だれ》もが、ハッとした顔になったのです。それから、私は急に恥《は》ずかしくなりました。

大きな地震だったので、被害《ひがい》が特になかった地域でも、食料や飲み物がなくなるのではとみんなが心配して、コンビニやスーパーに買い出しに行った時の話です。

その人は、男の子の姿を見て、地震や津波や原発《げんぱつ》事故で大きな被害を受けて悲しみや苦しみの中にいる人たちのことをすっかり忘れて、我先に自分のことだけを考えていた自分自身に気づいて、恥ずかしくなったのでしょう。

　私たちは、たいへんな出来事に出会うと、不安や怖《こわ》さで、つい自分のことばかりに目が行って、困っている人のことを考える余裕がなくなります。新型コロナウイルスの感染の問題でも、自分への感染が怖いので、感染した人は病気になって困っていることを考えないで、悪者のようにうわさをしたり、嫌がらせをしたりすることが起こっています。さらに病気になった患者さんのために、懸命《けんめい》に病院で働く人やその家族を嫌って、邪魔《じゃま》にすることも起きています。

　そんな私たちですが、先ほどの人のように、そのことに気づいて、自分のことが恥ずかしく思うことも起こるのです。そして、私たちの周りには、あの男の子の姿のように、気づかないでいる自分勝手な私の問題を、教えて気づかせてくれるものもたくさんあるのでしょう。

生命がこの地球に誕生したのは、今から40億年前だと言われています。それから遥《はる》かな旅を経て、たくさんの細胞が集まった生命が生まれたのは15億年くらい前です。そしてさらに長い進化の歴史を通って、私たちは生きているのです。

この歴史の中には、大震災のようなたいへんな災害がいくどもありました。そして新型コロナウイルスのように、ウイルスや細菌《さいきん》の感染が流行することが何度もあったでしょう。さらに天候の関係で食べ物が取れない飢饉《ききん》の時もたくさんありました。その中をくぐりぬけて、私たちの生命は伝えられてきたのです。私たちの中にある自分勝手やわがままだけなら、生き残れなかったかもしれません。

でも、私たちに生命が届けられているのは、その問題を教えて気づか

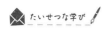

せることが起こったからに違《ちが》いありません。それは、自分のわがままが、いろんな生命を危うくしていることにぜひとも気づいてほしいという願いがあるからです。

その願いは、私たちの歴史から少しも離《はな》れずにいつもそばにあるのです。子どももおとなも、その願いに学ぶ人になることが何よりたいせつです。

子《こ》どもと読《よ》みたい
ほとけさまのおはなし —24のレターブック—

2021(令和3)年10月10日　第1刷発行

発 行 者　但馬　弘
編集発行　東本願寺出版(真宗大谷派宗務所出版部)
〒600-8505　京都市下京区烏丸通七条上る
TEL　075-371-9189(販売)
075-371-5099(編集)
FAX　075-371-9211
印刷・製本　中村印刷株式会社
装　　丁　梅林なつみ(株式会社ワード)

ISBN978-4-8341-0636-7　C0115
Printed in Japan